탁월한 소그룹 리더의 7가지 습관

How to be a Great Cell Group Coach

Copyright © 2003 by Joel Comiskey
Published by Cell Group Resources™
10055 Regal Row, Suite 180 Houston, TX 77040. U.S.A.
All rights reserved, Including Translation
Korean edition copyright © 2004 by NCD Publishers

이 책의 한국어판 저작권은 저작권자와 독점 계약한 도서출판 NCD에 있습니다.
신저작권법에 의하여 한국 내에서 보호를 받는 저작물이므로
무단전재와 무단복제를 금합니다.

탁월한 소그룹 리더의
7가지 습관

조엘 코미스키 지음 | 편집부 옮김

도서출판 NCD

| 추천의 글 |
이 책에 쏟아진 찬사

"이 책은 코미스키의 저서 중 가장 훌륭한 책이라 확신한다. 이 책은 매우 실용적이고 적용하기 쉬우며 굉장히 힘 있는 내용을 담고 있다. 모든 교회의 리더들에게 이 뛰어난 책을 서둘러 읽으라고 강력히 추천하고 싶다."

데이브 얼리 리버티 대학교 부총장, 《성공하는 소그룹 리더의 8가지 습관》의 저자

"최고다! 코미스키의 뛰어난 가르침이 이 책 안에 다 들어 있다. 소그룹 리더를 돌볼 때 필요한 실질적인 도움말과 영감이 넘치는 이야기들이 실려 있다. 여의도순복음교회의 조용기 목사는 리더들을 돌보는 리더를 '교회의 가장 중요한 구성원'이라고 말했는데, 그 이유는 목회자가 리더들을 잘 보살피면 그들도 구성원들을 잘 보살피기 때문이다. 리더로 사역하는 사람이나 리더가 되기를 소망하는 모두에게 이 책의 가치는 빛나는 황금과도 같다."

카렌 허스톤 허스톤 미니스트리 대표

"나는 교회를 대상으로 사역할 때마다 소그룹 리더들을 지도하는 리더의 수준과 질을 향상시키는 것이 가장 시급하다고 강조한다. 이 책의 내용은 소그룹 사역의 전반적인 면을 실제적으로 설명하며, 리더란 이름에 걸맞게 제대로 사역하는 법을 알려 주고 있다. 이 책에 나온 대로 실행한다면 누구나 탁월한 리더가 되어 소그룹 배가의 기쁨을 누릴 수 있을 것이다."

랜들 네이버 Touch Outreach Ministries 대표

"이 책은 모든 교회들에게 환영받을 만하다. 두터운 관계를 다지는 법에서부터 실제 활동하는 법, 문제를 해결하는 법 등 효과적이면서도 소그룹 사역에서 빼놓을 수 없는 기술을 정확하게 다루고 있다. 현재 팀을 세우고 보강하는 사역자들이 있다면 이 책에 나온 대인 기술과 리더 양육법을 꼭 살펴보라."

빌리 혼스비 베다니 세계 기도 센터 목사

"소그룹 리더들이 가장 많이 범하는 실수 중의 하나는 소그룹이 자기 힘으로 운영된다고 착각하는 것이다. 리더가 구성원들을 잘 인도하고 양육하려면 반드시 리더를 지도하고 양육해 줄 리더, 즉 코치가 있어야 한다. 내 경험으로 볼 때 코치야말로 소그룹 사역의 필수 요건이라고 생각한다. 하지만 정작 코치들은 자신의 역할이 무엇인지 모르는 경우가 많다. 조엘 코미스키의 책은 코치의 역할을 명확히 알려 줄 뿐만 아니라 구체적이고 재미있게 구성되었다. 이 책을 읽은 사람은 누구나 소그룹 사역을 더욱 멋지게 감당하게 될 것이다."

제이 파이어보우 뉴라이프교회 소그룹 담당 목사

"조엘 코미스키의 새 책이 출간되어서 참 감사하다. 우리 소그룹 리더들을 위해 꼭 사 봐야 할 책이란 생각이 든다. 코미스키의 책에 나온 사역의 원칙과 실제는 리더들의 역량을 한층 끌어올릴 것이다."

짐 에글리 빈야드교회 목사

"교회에서 성공적인 소그룹 사역을 하기 위한 핵심 요소는 바로 기름 부음 받은 코치의 사역이다. 조엘의 이번 책에는 새로운 사역자와 사역을 지속적으로 양성하고 발전시킬 수 있는 적극적인 훈련 방법이 담겨 있다."

알란 코릭 Door of Hope Church 소그룹 사역 목사

"이 책 한 권에 엄청난 자료가 들어 있다. 소그룹 리더에게는 그들을 효과적으로 지도해 주는 코치가 꼭 필요하다. 이 책에는 코치가 리더를 효과적으로 성장시키기 위해 필요한 실질적이고 명확하며 부담 없는 방법이 제시되어 있다. 효과적인 평가, 문제점 진단, 훈계하기 등 코치에게 필요한 모든 것을 담은 뛰어난 책이다."

브루스 크래머 Shepherd of the Hills Church 소그룹 사역 목사

| 감사의 글 |
이 책에 도움을 주신 분들께

란초 쿠카몽가 지역의 플립사이드교회에서 탁월한 사역을 하고 계시는 제프 로지슨 목사님께 특별히 감사드린다. 그분은 내 인생 여정에서 가장 중요한 시기에 만나게 된 분이다. 당시 나는 소그룹 코치가 아니라 마치 고문처럼 활동하고 있었을 뿐 그 둘 사이에 어떤 차이점이 있는지 전혀 이해하지 못했다. 제프 목사님은 내게 필요한 자료와 조언을 주셨고 때로는 개인적으로 만나 코치의 개념과 원칙이 무엇인지 가르쳐 주셨다. 이 책 내용의 상당 부분이 제프 목사님의 가르침에서 나온 것이다.

또한 소그룹 코치로 놀랍게 사역하고 있는 제이 파이어보우 목사님께도 감사의 말씀을 드린다. 그는 코칭법의 원칙이 무엇인지 나에게 기꺼이 나누어 주었다.

코치에 대한 총체적인 가르침을 주신 밥 로건 목사님께도 감사드리고 싶다. 로건 목사님은 코칭 사역에 대해 누구보다도 잘 이해하고 계시기에 지난 수년 동안 코치에 대한 개념을 강의하셨고, 현재 '코치넷'의 대표로 일하고 계시다(제프 로지슨 목사님을 양육하신 분이다).

스티븐 L. 오그니, 토머스 P. 네벨 공저의 《코칭 사역을 통해 지도자 세우기 Empowering Leaders through Coaching》라는 자료를 통해서도 큰 도움을 받았다. 이 책의 주요 부분들도 이 시리즈에 실린 내용을 토대로 한 것이다.

추천의 글

감사의 글

들어가는 글

1부 탁월한 소그룹 리더의 7가지 습관

Lesson. 1 **공급받기**　26
날마다 하나님께 나아가 그분이 주시는 것을
공급받아야 한다.

Lesson. 2 **경청하기**　40
자신의 이야기만 하기보다는 리더의 말에
귀를 기울이고 들어 준다.

Lesson. 3 **격려하기**　60
리더가 사역을 계속할 수 있는 힘을 얻도록 돕는다.

차례

Lesson. 4 **보살펴 주기**　74
리더의 동반자가 되어 전반적인 생활을 보살피고 돌본다.

Lesson. 5 **개발과 훈련**　88
리더의 유형에 맞게 다양한 지도력을 개발하고
훈련시킨다.

Lesson. 6 **전략 세우기**　108
리더와 함께 여러 가지 문제를 해결할 수 있는
전략을 세운다.

Lesson. 7 **도전 주기**　126
리더가 꿈을 이루고 더욱 성장할 수 있도록
도전을 준다.

2부 코칭 기술을 개발하라

Lesson. 8 **코치로서의 권위를 향상시키라** 144
전문성, 영성, 관계성을 통해
코치의 권위를 향상시킨다.

Lesson. 9 **문제점 진단하기** 156
상황에 따라 각각 다른 문제를 제대로 진단한다.

Lesson. 10 **단계별 소그룹 지도** 172
소그룹의 성장 단계를 이해하고 효과적으로 지도한다.

Lesson. 11 **리더와의 면담 시간** 184
면담을 통해 리더와 깊은 관계를 맺고 도전을 준다.

Lesson. 12 **소그룹 방문** 194
소그룹을 정기적으로 방문하여 점검하고 격려하라.

맺는 글

부록

How to be a Great Cell Leader

| 들어가는 글 |
소그룹 리더를 세우는 리더

"차라리 다른 사역을 맡을걸 그랬어."

래리는 한숨을 쉬었다. 오늘은 소그룹 모임이 있는 날이다. 언제부터인가 래리는 소그룹이 부담스럽게 여겨지기 시작했다. 더구나 자신이 리더였기 때문에 부담스러움은 곧 죄책감으로 변했다. 물론 래리가 처음부터 이런 상태였던 것은 아니다. 리더 훈련을 마치고 소그룹을 인도하게 되었을 때만 해도 래리의 마음속은 사명감으로 불타올랐다. 하지만 실제로 소그룹을 인도하면서 여러 가지 문제에 부딪히자 초반의 열정은 머지않아 사그라지고 말았다. 가장 큰 문제는 이런 어려움들을 털어놓고 도움을 받을 만한 사람이 마땅히 없다는 것이다. 래리는 종종 담당 교역자에게 이렇게 말하곤 했다. "저를 이끌어 줄 누군가가 필요해요."

래리의 담당 교역자인 크리스 목사 역시 깊은 고민에 빠졌다. 전 세계의 많은 교회가 소그룹 또는 셀그룹의 효과에 주목하고 있다. 부담스러운 전도 방법을 쓰지 않고서도 믿지 않는 사람들에게 다가갈 수 있고, 그 안에서 성도의 삶을 나누며, 평범한 사람들도 지도자로 세워지기 때문이다. 크리스 목사도 소그룹을 통해 놀라운 일이 일어날 것을 기대하며 열성적으로 소그룹을 세워 나갔다. 하지만 점점 래리와 같은 고민을 호소하는 리더들이 생겨나기 시작했다. 자기가 알고 있는 모든 방법을 이용하여 리더들을 도왔지만 결과는 신통치 않았다. 이대로 가다가는 사역을 잘 감당하고 있는 소그룹 리더들까지 어려움에 빠질지도 모른다는 위기감이 들었다. 도대체 이들을 어떻게 도와야 한다는 말인가?

리더를 세우는 리더

다음 질문에 대답해 보라. "운동선수가 좋은 결과를 낼 수 있도록 도와주는 사람은 누구일까?" 아마 대부분의 사람들은 머릿속으로 '코치'를 떠올릴 것이다. 그게 정답이다. 세계 최고의 선수들도 시합에서 최선의 결과를 얻기 위해서는 코치의 도움이 필요하다. 그렇다면 다시 소그룹으로 눈을 돌려 보자. 소그룹 리더가 아무리 재능이 뛰어나고 잘 훈련되었다 하더라도 혼자의 힘만으로는 효과적으로 모임을 인도할 수 없다. 운동선수와 마찬가지로 소그룹 리더들에게도 그들을 돕는 누군가가 꼭 필요하다. 실제로 소그룹 사역이 활발한 교회들은 소그룹 리더들이 사역을 잘 감당할 수 있도록 이들을 돕는 리더들을 따로 세워 두고 있다. 이들은 '관리자, 감독자, 구역장, 지역장, 후원자' 등의 다양한 이름으로 불리지만 하는 일은 비슷하다.

이 책에서는 이런 역할을 하는 사람들을 '코치'로, 코치가 수행하는 일들을 '코칭'으로 지칭할 것이다. 코치는 단순히 운동선수를 지도하는 사람을 가리키는 말이 아니다. '코치'라는 말에는 자신이 누군가의 역할을 직접 대신해 주는 것이 아니라, '옆에서 경청하고 관찰하며 격려함으로써 스스로 문제를 해결하고 목표를 이루도록 돕는 사람'이라는 뜻이 있다. 따라서 코치는 '소그룹 리더를 세우는 리더'라는 역할을 정확하게 설명해 줄 수 있는 명칭이다.

소그룹 코치들의 역할은 대단히 중요하다. 이것은 여러 가지 연구 자료를 통해 증명된 사실이다. 기독교 역사상 가장 큰 교회를 세운 여의도순복음교회의 조용기 목사는 "소그룹 체계를 뒷받침해 주는 핵심은 바로 코칭이다."라는 말을 했다. 또한 드와이트 매러블과 짐 에글리는 세계적인 교회들을 조사한 결과 소그룹의 장기적인 성장을 위한 핵심 요소가 바로 코치라는 사실을 발견했다.

하지만 문제가 있다. 소그룹 인도법이나 교회 안에서 소그룹 체계를 세워 나가는 법에 대해서는 좋은 자료들이 넘쳐 나지만, 소그룹 리더들이 효과적으로 모임을 이끌 수 있도록 돕는 코치들을 위한 실제적인 지침은 거의 없다는 것이다. 그래서 나를 찾아와 이렇게 고백하는 사람들이 많다. "조엘 목사님, 코치의 역할이 무엇인지 도대체 이해가 되지 않습니다. 코치로 일하려 해도, 코치를 세우려 해도 무엇을 어떻게 해야 하는지 모르겠습니다. 좀 도와주세요!" 이렇다 보니 소그룹 코치가 되었다가도 크게 낙심하고 코치의 역할을 포기하기도 한다.

소그룹 코치의 역할이 아닌 것

그렇다면 소그룹 코치의 역할은 무엇인가? 그 점을 알아보기에 앞서 사람들이 코치의 역할이라고 오해할 수 있는 것들이 무엇인지 살펴보자.

코치는 고문이 아니다. 코치의 역할과 고문의 역할을 혼동하는 사람들이 많다. 고문은 의뢰인에게 조언과 상담을 제공하는 전문가를 뜻한다. 고문이 담당하는 역할은 매우 중요하지만 소그룹 코치가 고문의 역할을 할 경우 위험한 상황에 이를 수 있다. 즉, 리더가 코치에게 전적으로 의존하게 되거나 지나친 정보 제공을 통해 오히려 소그룹의 장기적인 성장을 막는 역효과가 날 수 있다.

코치에 대한 또 다른 오해는 코치가 중간 사역자의 역할을 한다는 것이다. 코치 가운데 상당수가 자신이 마치 결재 서류를 재촉하는 사람같이 느껴진다고 한다. 코치가 소그룹 리더와 단지 정보만 주고받으면서 그들이 보고서를 제때에 제출하는지 감독하는 역할만 한다면 사람들과의 관계에 문제가 생기고, 결국 소그룹은 위태롭게 될 것이다.

또한 코치를 상담가로 오해하는 경우도 있다. 소그룹 리더가 큰 문제에 부딪힐 때마다 찾아갈 수 있는 사람으로 보는 것이다. 그러나 코치가 단지 리더들이 걱정거리를 가지고 찾아오기만을 기다리는 사람이라면 굳이 소그룹에 코치를 세울 필요가 없다. 상담가의 역할을 할 수 있는 사람들은 코치 외에도 많기 때문이다.

물론 코치도 때로는 고문처럼 조언을 해 주거나 중간 사역자의 역할을 하고, 위기 상황에서는 상담가로 섬겨야 하는 경우가 있다. 하지만 중요한 것은 이런 것들이 코치 역할의 전부가 아니라는 점이다.

탁월한 리더를 세우는 코치

그리스도인 코치는 사람들이 자신에게 허락하신 하나님의

부르심을 완수할 수 있도록 돕는 자이다. 따라서 소그룹 코치는 모든 지식과 방법과 기회를 동원하여 소그룹 리더가 더욱 성장하고, 효과적으로 사역할 수 있도록 준비시켜야 한다. 또한 리더가 자신의 소그룹을 더욱 성장시킬 수 있도록 격려하고 도전을 주어야 한다.

코치는 한참 전에 소그룹 현장 사역을 졸업한 사람이 아니다. 따라서 코치가 되었더라도 소그룹 모임에 계속해서 참석해야 한다. 그래야 자신의 생활 속에서 모범을 보일 수 있기 때문이다. 오히려 코치가 소그룹 리더들을 지도하는 동안(3명 이하의 소그룹 리더들을 지도하는 경우에 가능하다.) 계속해서 소그룹 하나를 인도하는 것이 더 효과적이기도 하다. "나도 그런 적이 있어요."라는 코치의 한마디가 소그룹 리더들에게 큰 격려가 될 수 있기 때문이다.

뛰어난 코치란 소그룹을 성공적으로 인도하고 성장시킨 경험이 있는 사람이다. 그들은 새로운 생명의 탄생 과정에서 겪게 되는 아픔이 무엇인지, 사역에서 느끼는 기쁨이 무엇인지, 또한 전도하면서 어려움을 경험한다는 것이 무엇인지 잘 알기 때문이다. 그런 사람들이야말로 자신이 지도하는 리더들에게 생생한 경험을 나누어 주고 적절한 조언을 해 줄 수 있다.

그렇다면 뛰어난 코치가 되어 탁월한 소그룹 리더들을 세우려면 어떻게 해야 할까? 뛰어난 코치들에게는 공통적으로 드러나는 7가지 습관이 있다. 이것을 제1부에서 다룰 것이다. 여기에는 코치가 올바른 습관을 세워 나갈 수 있도록 단계별 실천계획을 서술해 놓았다. 제1부를 읽으면 코치의 역할이 무엇인지 자세히 알 수 있을 것이다. 그리고 제2부에서는 코치에게 필요한 여러 가지 기술들을 구체적으로 소개해 두었다.

이 책의 특별한 장치

나의 책 《사람들이 몰려오는 소그룹 인도법》(NCD)에서처럼 이 책에서도 여러 가지 도움말이나 실질적인 조언을 보조 도표 형태로 담았다. 이를 통해 여러분들이 성공적인 지도법의 원리를 이해하고 적용할 수 있도록 했으며, 여러분이 돕는 소그룹 리더들에게 실행할 수 있는 방법을 제시했다.

- 사전: 정의나 설명을 통해 의문점을 풀어 준다.
- 통찰: 간증과 인용문을 통해 지도력을 향상시킨다.
- 시도: 실천 가능한 방법들을 제시했다.
- 전략: 새롭고 구체적인 전략을 담았다.

How to be a Great Cell Leader

1부
탁월한 소그룹 리더의 7가지 습관

좋은 소식은 우리가 혼자서 사역하는 게 아니라는 사실이다.
우리에게는 우리의 사역을 안내하고 인도하고 완성시켜 주는 성령님이 계시다.
사역의 모든 단계마다 성령님을 믿고 의지한다면
당신은 탁월한 리더가 될 것이다.

1: 공급받기

날마다 하나님께 나아가 그분이 주시는 것을 공급받아야 한다.

여러분이 지금 대통령을 만나기 위해 청와대에서 기다리고 있다고 상상해 보자. 이제 5분 후면 대통령과 악수를 나누고 집무실을 둘러볼 것이다. 여러분 생애에 다시 오지 못할 기회이다. 잔뜩 긴장되었지만 사람들에게 우습게 보일까 봐 숨을 가다듬으면서 태연한 척한다. 곧 집무실 문이 열리면서 "들어오세요."라는 목소리가 들린다.

대통령이 청와대에서 만나자며 누군가를 초대했을 때 초대를 거절하는 사람은 거의 없을 것이다. 그렇다면 한번 생각해 보기 바란다. 세상의 그 어떤 지도자보다 위대한 왕께서 여러분을 만나고 싶어 하신다. 그분 앞에 나아오라고 여러분을 초청하신다. 단순한 '사진 촬영용' 접견을 원하시는 것도 아니고 손 한 번 잡고 흔들어 주는 것에 만족하시지도 않는다. 그분은 매일매일 당신을 만나고 싶어 하신다.

코치들에게는 깊은 지혜와 끊임없는 격려가 필요하다. 이를 공급받을 수 있는 최선의 방법은 지혜와 격려의 근원이신 예수 그리스도께로 곧장 나아가는 것이다. 여러분에게 맡겨진 소그룹 리더들을 만나기에 앞서 먼저 하나님을 만나라. 여러분의 우선순위가 하나님이 될 때 그들이 오히려 고마워할 것이다.

하나님이 주신 것으로만 나눌 수 있다

하나님은 이사야 선지자를 통해서 다음과 같이 아름다운 말씀을 주셨다.

"오호라 너희 모든 목마른 자들아 물로 나아오라 돈 없는 자도 오라 너희는 와서 사 먹되 돈 없이, 값 없이 와서 포도주와 젖을 사라 너희가 어찌하여 양식이 아닌 것을 위하여 은을 달아 주며 배부르게 하지 못할 것을 위하여 수고하느냐 내게 듣고 들을지어다 그리하면 너희가 좋은 것을 먹을 것이며 너희 자신들이 기름진 것으로 즐거움을 얻으리라 너희는 귀를 기울이고 내게로 나아와 들으라 그리하면 너희의 영혼이 살리라 내가 너희를 위하여 영원한 언약을 맺으리니 곧 다윗에게 허락한 확실한 은혜이니라"(사 55:1-3).

> **통찰**
>
> **하나님을 갈망하는 이유**
>
> "우리가 하나님을 갈망하는 이유는 단지 하나다. 그분을 갈망하지 않고서는 견딜 수 없도록 하나님께서 우리의 마음을 흔들어 놓으시기 때문이다." _ A. W. 토저

하나님께서 공급하신 것이 아닌 다른 것을 가지고 소그룹 리더들에게 나눠 주는 일은 아무런 가치가 없다. 코치로서 효과적이고 열매가 넘치는 사역을 해내려면 힘의 근원이신 그분께 나아가야 한다.

하나님을 만나기 위해 꼭 정해진 어떤 법칙을 따라야 하는 것은 아니다. 그때그때의 상황에 따라 달라질 수 있다. 나는 가슴이 답답할 때면 하나님께 내 마음을 모두 쏟아 놓는다. 또 어떤 때는 말씀을 많이 읽기도 한다.

하나님과의 관계가 깊어지기 위해서는 무엇보다 자연스럽게 반응하는 것이 필요하다. 남편과 아내가 함께 앉아 이야기를 나눌 때 이야기할 내용을 미리 작성해 두는 일은 없다. 오히려 자연스러운 대화를 통해 서로를 더 깊이 알아 간다.

하나님이면서 사람이셨던 예수님도 하루를 아버지이신 하나님과 함께 시작하셨다.

"새벽 아직도 밝기 전에 예수께서 일어나 나가 한적한 곳으로 가사 거기서 기도하시더니"(막 1:35).

이 말씀을 보면 예수께서는 새벽에 하나님과 만나는 시간을 가지셨다. 그것은 주님께 아주 자연스런 삶이었다. 예수님은 하나님 아버지와 함께할 때에 그분의 힘을 받을 수 있다는 사실을 잘 알고 계셨다.

내 영혼을 하나님께 열어 놓는 시간

우리도 하나님이 내게 주신 것만을 다른 이들에게 나누어 줄 수 있다. 개인 경건의 시간이란 다름 아니라 다른 사람들의 영혼을 시원하게 하기 위해 먼저 내 자신이 힘을 얻고 회복되는 시간이다.

특별한 시간을 정해 놓고 하나님과 만난다고 해서 일상의 삶 가운데 하나님과 교제를 나누지 않아도 된다는 말은 아니다. 두 가지 모두 중요하다. 하나님을 만나는 개인적인 경건 시간을 통해 힘을 얻으면 그날은 온종일 성령님과 동행할 수 있게 된다. 그리고 일상생활 속에서도 하나님의 임재에 집중할 수 있음을 깨닫게 된다.

기도와 교육, 정의를 주제로 많은 책을 저술한 프랭크 루박은 이렇게 말했다.

하나님과의 관계를 통해 하나님을 알게 됨

"어떠한 프로그램이나, 연구, 특별한 방법을 통해 하나님을 알게 되는 것이 아니다. 인격이신 하나님과의 관계를 통해서 하나님을 알게 되는 것이다……. 하나님께서는 관계를 통해 자신을 계시하시고 그분의 목적과 방법을 보여 주신다. 또한 인격적인 관계를 통하여 하나님께서 이미 시작하신 일에 우리도 함께 동참할 수 있도록 초청해 주신다." _헨리 블랙커비

"아침 경건 시간이 '지속적인 임재' 안에서 사는 삶을 대체할 수는 없지만, 이것 역시 꼭 필요하다. 경건의 시간은 하루를 올바로 시작할 수 있게 해 주기 때문이다. 하지만 그렇게 시작한 하루를 끝까지 제대로 이어 갈 수 있어야 한다. 언제든 한 가지 일을 마친 후에는 그다음 해야 할 일이 무엇인지 묻기 위해 마음을 가다듬어 하나님을 바라보는 습관을 길러야 한다."

마태복음 6장 34절을 보면 예수께서 아주 중요한 말씀을 하셨다. "……한 날의 괴로움은 그날로 족하니라". 날마다 그날에 당하는 어려움과 시련이 있기 마련이다. 하지만 날마다 하나님의 말씀을 먹고 하나님이 주시는 힘을 공급받으면 시련을 견

 사전

개인 경건의 시간

1. 종교 의식이 아니다. 전능하신 하나님과 인격적 관계를 갖는 것이다.
2. 단지 성경만 읽거나 기도만 하는 시간이 아니다. 기도는 경건 시간의 일부일 뿐이다. 이 시간에는 말씀을 읽고, 예배하고, 고백하며, 하나님의 음성을 듣는 것도 포함되어야 한다.
3. 미리 짜여진 계획에 맞추는 것도 좋지만 계획에 따라 움직이는 것을 넘어 하나님의 임재 안으로 들어가는 것이 중요하다.

더 나가며 승리하는 삶을 누릴 수 있게 된다.

성령님은 가장 위대한 코치시며 여러분을 진리로 인도하실 분이다. 성경은 이렇게 말한다.

"그러나 진리의 성령이 오시면 그가 너희를 모든 진리 가운데로 인도하시리니 그가 스스로 말하지 않고 오직 들은 것을 말하며 장래 일을 너희에게 알리시리라"(요 16:13).

"영적인 생활이란 분주한 생활 가운데 몇 가지 실천 사항을 덧붙이는 것이 아니다. 하나님을 섬기는 태도로 실행하고 있는 일들이 좀 더 마음 깊이 스며들도록 조절하는 생활을 말한다."_리차드 포스터

하나님과 동행하게 되면 그분의 사랑과 능력과 은혜가 여러분을 통해 흘러가는 것을 보게 될 것이다. 우리는 하나님께 도움을 받았기에 다른 사람을 도와줄 수 있다. 또한 하나님의 세밀한 음성에 민감하게 반응할 때와 그저 질질 끌려가는 때의 차이점을 보게 될 것이다.

기도로 사람들을 도우라

스코트 켈러라는 형제는 2000년부터 지금까지 캘리포니아

주의 에스콘디도 지역에서 소그룹을 인도하고 있다. 그동안 소그룹은 4배나 성장했고 스코트는 자신이 세운 소그룹 리더들을 개인적으로 돌보고 있다. 스코트는 자신의 사역과 소그룹 리더들의 성공 비결은 바로 리더들 한 명 한 명을 중보 기도로 보호하는 것이라고 생각한다. 스코트는 당시 자신이 맡고 있던 소그룹 구성원인 멜리사를 위해 기도하기 시작했다. 멜리사를 위해 기도한 지 두 달 정도 뒤에, 스코트는 멜리사를 찾아가 다음번에는 모임을 직접 인도해 보겠냐고 물어보았다. 하지만 멜리사는 "아직 준비가 안 된 것 같아요."라며 단호히 거절했다. 스코

사전

개인 경건의 시간

- 하나님이 주시는 풍성함을 공급받는다.
- 하나님의 말씀을 연구한다.
- 하나님을 잠잠히 기다린다.
- 특정한 일을 놓고 기도한다.

임재 앞에 머물기

- 하나님의 풍성함을 계속 유지한다.
- 하나님의 말씀을 떠올린다.
- 하나님과 동행한다.
- 때마다 기도한다.

트는 계속 멜리사를 위해서 기도하면서 하나님께서 그 마음을 열어 주시도록 구했다. 여섯 달을 기다린 후에 다시 멜리사를 찾아가 소그룹 리더가 될 마음은 없는지 물어보았다. 그러자 멜리사는 "네, 좋아요." 하며 수락했다. 현재 멜리사는 자신이 맡은 소그룹을 성공적으로 인도하고 있고 스콧는 코치로서 멜리사와 그 남편을 계속 지도하고 있다.

오스트레일리아 멜버른에서 200여 개의 소그룹을 세워 가며 코치의 임무를 성공적으로 수행하고 있는 달지트 질 형제의 이야기는 코칭 사역의 중요성을 잘 보여 준다. 달지트의 지도를 받는 어느 소그룹 리더가 모임을 인도하고 있었는데 한 구성원이 무례하게 행동하고 자기의 부정적인 생각을 입 밖으로 내면서 사람들에게 좋지 않은 영향을 끼치고 있었다. 달지트는 그 소그룹 리더에게 기도하라고 권면하면서 "그 사람의 생각을 사로잡고 있는 부정적인 영이 떠나가기를 예수의 권세로 선포하라."고 조언했다.

하나님은 우리에게 응답해 주려고 기다리신다

"기도란 하나님의 반대를 무릅쓰는 작업이 아니라 하나님의 귀한 뜻을 더욱 굳게 붙드는 것이다."_더블린 성공회 주교 리차드 트렌치 소그룹 리더는 그 형제 안에 긍정적인 말이 더욱 큰 영향을 미칠 수 있도록 선포했고, 그 형제의 가족에게 감사의 뜻을 전하는 카드를 여러 번 보내기도 했다. 시간이 지날수록 둘 사이의 담도 조금씩 허물어져 갔다. 그러던 어느 날이었다. 리더가 그 형제의 회사에 전화를 했는데, 그가 아파서 집에 누워 있다는 말을 듣게 되었다. 리더는 점심 시간을 이용해서 그의 집을 찾아갔다. 리더는 그 형제를 위해 기도해 주었고 작별 인사를 하며 그를 다정하게 꼭 안아 주었다. 그러자 그 형제는 울음을 터뜨리며 자신의 못된 마음과 이기심에 대해 용서를 구했다. 두 사람을 가로막고 있던 담이 완전히 무너지는 순간이었다.

그 이후로 그 형제는 리더가 자신에게 어떠한 조언을 하더라도 모두 받아들이게 되었다. 지금도 그들은 좋은 친구이고 그 형제는 새로운 소그룹 리더가 되어 사역을 잘 감당하고 있다.

우리 부부는 자넷이라는 어느 미혼 자매를 지도하고 있었는데, 자넷은 어릴 적에 받았던 감정적, 육체적 학대 때문에 심한 고통을 받고 있었다. 우리 부부는 자넷과 함께 시간을 보내며 그를 묶고 있는 두려움과 자기 학대의 덫에서 벗어날 수 있도록 도와주려고 했다.

어느 날 밤 자넷이 전화를 걸어 이제는 도저히 이겨 낼 수 없을 것 같다며 교회를 떠나겠다고 말했다. 과연 다시 자넷을 만날 수 있을지 확신할 수는 없었지만 우리 부부는 기도를 멈추지 않았다. 그런데 하나님께서는 자넷의 마음 가운데 역사하셨고 자넷은 다시 일어나 거룩한 삶을 회복해 가기 시작했다. 결국 자넷은 자신의 문제를 극복해 냈을 뿐만 아니라, 지금은 소그룹 리더로 효과적인 사역을 하면서 다른 이들도 자신의 문제를 극복할 수 있도록 돕고 있다. 이처럼 코치는 자신이 맡은 소그룹 리더를 위해 날마다 기도해야 하며, 이것은 또한 그리스도인 코치가 가장 잘할 수 있는 부분이다.

기도의 능력

미국 독립 전쟁 중 사라토가 전투 때의 일이다. 미국의 독립을 부르짖던 애국 투사들은 오로지 영국군 장교들을 목표로 사격하라는 명령을 받았다. 그리고 그 전략은 성공적이었다. 지금도 많은 사람들은 미국군이 전쟁에서 이길 수 있었던 가장 큰 이유가 사병들보다는 장교들을 사살하는 데 중점을 두었기 때문이라고 한다.

소그룹 리더들은 최전방에 서 있는 전사들이다. 그렇기 때문에 사탄은 리더들을 향하여 무기를 겨냥하고 있는 것이다. 코치는 기도를 방패 삼아 리더들이 어떤 무시무시한 공격을 받아도 견딜 수 있도록 보호해야 한다.

원수의 공격에서 리더들을 보호하기 위해 꼭 필요한 것이 바로 기도다. 바울은 고린도전서 5장 3절에서 깊이 숨겨진 진리를 보여 준다. "내가 실로 몸으로는 떠나 있으나 영으로는 함께 있어서 거기 있는 것같이 이런 일 행한 자를 이미 판단하였노라." 바울이 사역자들과 함께 있을 수 있었던 유일한 방법은 기도였다. 탁월한 코치는 기도의 능력을 통해 새내기 리더와 언제나 함께할 수 있다. 매일 코치가 리더들을 위해서 기도할 때 비록 직접 만나지는 못하더라도 하나님께서는 리더들에게 승리를 주신다.

전략

중보 기도의 단계

- 기도 대상자의 필요가 무엇인지 잘 살펴본다.
- 기도 대상자를 대신해서 기도의 전쟁터로 들어간다.
- 기도 대상자의 필요를 위해 지속적으로 간절하게 기도한다.
- 하나님께서 기도에 응답하시면 기뻐하며 감사한다.

요한복음 17장 15절에 보면 그리스도께서는 제자들을 보호하기 위해 기도하셨다. "내가 비옵는 것은 그들을 세상에서 데

> 🔔 통찰

원수의 세력을 기도로 공격하기

"저는 1997년 9월 무렵에 소그룹 리더가 되었습니다. 제가 살던 지역은 가난하고 주술이 만연한 곳이었죠. 저는 크게 낙담되어서 소그룹을 포기할까 하고 여러 번 생각했습니다. 하지만 성령께서 내 마음을 일깨우시고 제가 순종해야 할 특별한 일들을 보여 주셨습니다. 모두 영적이고 기도와 관련된 일이었지요. 기도 모임을 시작하자 소그룹은 5개로 불어났습니다. 기도 모임을 중단하지 않고 계속 진행했더니 점차 25개로, 그리고 50개로 번식되었습니다. 모두 주님께서 하신 일이지요. 공중의 권세가 끊어지자 하나님의 빛이 강하게 비추셨고 상처받고 고통 가운데 있는 사람들이 치유를 받고 구원을 얻는 일들이 생겨나게 된 것입니다." _우간다의 소그룹 코치

려가시기를 위함이 아니요 다만 악에 빠지지 않게 보전하시기를 위함이니이다."

코치는 중보 기도를 통해 리더들에게 초자연적인 보호막을 만들어 준다. 코치가 날마다 소그룹 리더를 위해서 기도하면 리더는 그의 기도를 느끼게 되고 주께서 원하시는 모습으로 변하게 된다.

가장 뛰어난 코치는 성령님이다. 소그룹 리더들을 위해 기도할 때 성령께서는 리더들의 삶 속에서 역사하기 시작하신다. 성령께서 직접 그들에게 내려오셔서 날마다 하나님의 뜻이 무엇인지 듣고 행할 수 있도록 능력을 주신다. 코치가 자신이 지도하는 리더들을 위해서 기도하면 하나님께서 주시는 새로운 통찰력으로 리더들의 필

요가 무엇인지 보게 된다. 하나님께서는 코치의 말과 격려를 통해서 리더들을 인도해 주신다. 여러분이 날마다 리더들을 위해서 기도할 때 리더들이 느끼는 아픔과 승리를 함께 체험하게 될 것이고 여러분이 상상하지도 못했던 깊이 있는 수준으로 문제들을 다룰 수 있게 될 것이다.

2: 경청하기
자신의 이야기만 하기보다는 리더의 말에 귀를 기울이고 들어 준다.

몸이 너무 불편해서 의사를 찾아갔다고 생각해 보자. 그런데 의사가 여러분의 아픈 부분을 진료하기보다는 자기 생활에서 있었던 문제들을 끊임없이 늘어놓으며 불평하기 시작한다. 여러분은 마치 의사의 이야기를 열심히 들어 주고 있다는 듯 고개를 끄덕거리지만, 사실 속으로는 이렇게 말할 것이다. "아니, 의사가 환자 이야기를 들어야 하는 거 아닌가? 안 그러면 내가 돈을 왜 내겠어!" 물론 말도 안 되는 상상이다. 의사라면 당연히 환자들의 문제에 깊이 관심을 갖고 있기 때문이다.

소그룹 코치의 역할도 이와 비슷하다. 코치가 남의 관심을 얻으려고 자기 이야기만 늘어놓는다면 리더들은 자신에게 필요한 것을 공급받을 수 없다. 코치란 리더들을 보살피며 리더들이 필요로 하는 것을 위해 온전히 자신을 바치는 사람이다. 리더들은 코치와 만나서 지도를 받는 동안 코치가 자신에게 온전히 집중하기를 기대한다. 이를 위한 최선의 방법은 그들의 말을 경청하는 것이다.

나는 경청을 잘하는 사람인가

내가 가깝게 지내고 싶었던 어느 현명하고 나이 지긋한 지도자 한 분이 기억난다. 그분에게 함께 아침 식사를 하고 싶다고 제안할 때만 해도 서로 좋은 이야기를 나눌 수 있으리라 기대했다. 하지만 그분은 음식을 드시면서 쉬지 않고 자신의 이야기를 계속 이어 나갔다. 가끔은 나도 무슨 말을 해 보려고 했지만, 그분은 듣는 것보다 자신이 이야기하는 것을 더 좋아했다. 내 이야기를 듣고 있다는 듯 머리를 끄덕였지만 사실 대답할 말을 준비하는 것이었다. 나는 그분과 함께 진정한 대화를 나눈다는 것은 거의 불가능하다는 사실을 깨닫고서 낙심한 채 그 자리를 나섰다.

체로키 인디언의 속담

"속삭이는 소리에 귀 기울이라. 그러면 고함 소리를 듣지 않아도 된다."

위의 사례를 통해 우리는 중요한 교훈을 얻을 수 있다. 코치는 자신이 어떻게 일하고 있는가가 아니라, 리더가 어떻게 일하고 있는가에 집중해야 한다. 탁월한 코치들은 이해받기보다는 이해하고자 노력한다. 리더의 입장에서 자신의 역할을 바라본다. 리더가 기대하는 코치의 역할을 수행하려면 무엇보다 그들의 말에 귀를 기울이는 것이 중요하다.

코치가 갖추어야 될 필수 요소는 뛰어난 경청 기술이다. 들어준다는 것은 단지 수동적으로 듣는 것이 아니라 리더의 생활에 역동적으로 동참하는 것이다. 코치는 리더의 생활 속에 나타나는 조짐이나 리더가 결정하는 사안들, 그 과정에서 일어나는 방해나 어려움에 대해서 주의 깊게 귀를 기울여야 한다.

> **통찰**
>
> ### 사람들을 친구로 만들고 영향력을 주는 방법
>
> 데일 카네기의 책 《친구를 만들고 영향력을 끼치는 법》은 '남에게 대접받기 원하는 대로 남을 대접하라'는 전통적인 주제로 당시 폭발적인 인기를 누렸다. 카네기는 자신의 이야기를 나누고 싶어 하는 인간의 기본적인 욕구를 크게 부각시켰다. 이런 점을 참고로 하면 좋은 친구란 사람들이 자신의 이야기를 나눌 수 있게 해 주고 그 이야기를 주의 깊게 경청하는 사람이다.

경청의 기술을 개발하는 법에 관한 책은 시중에 많이 나와 있다. 경청과 관련된 훈련 프로그램도 있다. 그렇지만 내가 과연 경청을 잘하는 사람인지 아닌지를 가늠해 보려면 상대방이 어떻게 느끼는지를 살펴보아야 한다. 만약 상대방이 내가 자신의 이야기를 잘 들어 주고 이해한다고 느낀다면 나는 효과적으로 경청하고 있는 것이다.

> 전략

경청의 유익

- 신뢰도를 높여 준다.
- 리더의 감정적 필요를 충만히 채워 준다.
- 리더와의 관계를 증진시키고 믿음과 행복을 더해 준다.
- 정확한 정보를 얻을 수 있다.

또한 리더가 말하는 이야기에 힘을 다해 집중하는 것도 좋은 방법이다. 인간이 머릿속으로 생각을 이어 나가는 속도는 입으로 말하는 것보다 5:1 정도의 비율로 빠르기 때문에 다른 사람이 말하는 내용을 들으면서도 혼자 상상의 나래를 펴는 것이 어렵지 않다. 다른 생각을 하지 않고 리더의 말에만 신경을 집중하는 것이 중요하다.

경청할 준비가 되었는가

리더의 말을 잘 들어 줄 준비를 하기 위해서는 만나기 전에 먼저 해야 할 일이 있다. 리더들 각자의 환경과 필요가 무엇인지 생각해 보는 것이다. 나는 내가 맡고 있는 리더들에 대한 파일을 한 사람씩 작성한다. 개인 기도 시간 중이나 리더들과 만나면서 적어 놓은 기록이다. 면담을 가지기 전에 그 기록들을 살펴보고 리더의 필요를 위해서 기도한다. 이렇게 하면 리더의 이야기에 더욱 귀를 기울일 수 있고 나 자신의 필요보다는 리더의 필요에 더 관심을 가지게 된다.

누군가의 이야기를 열심히 들어 주기에 앞서 먼저 여러분의 마음을 잘 준비해야 한다. 혹 리더들이 겪고 있는 문제나 어려움, 두려움을 여러분도 똑같이 겪고 있다면 하나님의 특별한 치유를 받아야 한다. 특히 변명이나 비판, 분노 등의 덫에 매여 있다면 먼저는 거기에서 자유로워져야 한다. 그래야 여러분 자신이 아니라 리더들의 필요에 집중할 수 있기 때문이다. 코치란 사람들이 현재의 위치에서 다음 단계로 전진해 나갈 수 있도록 돕는 사람이다. 그러므로 자신이 지도하는 사람들을 도와주는 일에 집중하지 않고서는 탁월한 코치가 될 수 없다.

> **전략**
>
> **경청을 가로막는 방해물**
>
> - 모임을 제대로 준비해 오지 않음
> - 리더에게 물어볼 질문을 기도로 충분히 준비하지 않음
> - 잘못된 몸동작이나 태도(예: 말할 때 눈을 쳐다보지 않음)
> - 개인적 갈등이 해결되지 않음(예: "코치의 이야기도 들어 줘야 되는 거 아냐")

내게는 부끄러운 기억이 있다. 예전에 우리 가족의 건강 보험이 해약되었을 때 나는 보험 계약을 갱신하는 것을 잊어버린 담당자 때문에 너무 화가 났다. 그런데 그다음 날 내가 맡고 있는 리더 한 명과 일대일 면담을 하게 되었다. 그 형제가 하는 말

🛠 시도

문서 파일 만들기

기도 중에 하나님의 음성에 귀를 기울이면 리더들의 이야기를 듣는 데도 큰 도움이 된다. 할 수 있다면 여러분이 지도하는 리더들에 대한 문서 파일을 만들어 보라. 그리고 기도 중에 하나님께서 보여 주시는 부분과 더불어 리더와 모임을 가지면서 깨닫게 되는 사항이 있다면 그 파일에 기록해 보라.

에 귀를 기울이고 싶었지만 나는 아직 자신의 근심과 염려를 해결하지 못한 상태였기에 리더의 말에 집중할 수 없었고, 머릿속에는 나에게 닥친 문제들만 가득했다. 당연하게도 그날의 면담 결과는 정말 끔찍했다.

여러분 자신에 대한 생각에서 완전히 벗어나 리더의 이야기에만 집중할 수 있는 방법은 기도와 묵상으로 준비하는 것이다. 여러분의 생각과 마음을 하나님의 영으로 잠잠하게 다스려야 리더가 필요로 하는 것이 무엇인지 충분히 들어 줄 수 있다.

들어 주는 태도에도 단계가 있다

친구들 중에 여러분의 이야기를 잘 들어 주는 사람이 있는가? 그러한 친구들과는 기분 좋게 이야기를 나눌 수 있다. 특히 이야기를 잘 들어 주지 못하는 이들과 비교해 보면 더욱 차이가 느껴진다.

사람이 남의 말을 듣는 것은 3단계로 나눠진다. 1단계는 거의 흘려듣는 모습이다. 이 단계에서는 다른 사람이 말하는 것을 듣는 동안에도 자기 생각에 푹 빠져 있을 수 있다. 혼잡한 출퇴근 시간에 버스 안에서 무심코 라디오를 흘려듣는 것이 대표적이다. 반면 2단계는 말하는 내용 한 마디 한 마디를 새겨듣는다. 대학에서 교수의 강의를 자세히 듣는 학생의 모습은 2단계에 해당한다. 3단계는 그 사람의 손동작과 감정, 그리고 이야기를 나누는 상황 등에서 성령님이 하시는 말씀까지 감지하는 것이다.

> 🔒 전략
>
> ## 리더의 이야기에 따라 조절하기
>
> 훌륭한 코치라면 경직된 공식에 따라 면담을 진행하는 대신 리더의 이야기를 듣고 그다음 단계의 진행을 결정할 수 있다. 면담 전에 미리 준비해 온 부분이 있겠지만 리더의 이야기를 들은 후에는 그것도 얼마든지 변경할 수 있어야 한다.

1단계 : 흘려듣기

한번은 첫째 딸 사라가 이웃집에 놀러 갔다 와서 이런 말을 했다. "옆집에 가 보면 항상 텔레비전이 켜져 있는데 그걸 보는 사람은 아무도 없어요." 텔레비전이나 라디오를 계속 틀어 놓는 것에 익숙한 가정들이 많지만 사실 그게 어떤 내용인지 일부러

🔍 통찰

미용실에서 일어난 이야기

제 단골 미용사 아주머니는 무척이나 말이 많습니다. 나는 기회가 될 때마다 '하나님 이야기'를 꺼내려고 했지요. 한번은 그분에게 예수님에 대해서 어떻게 생각하냐고 물어보았습니다. 미용사가 내 머리를 잘라 주면서 그 질문에 대해 이야기를 하면 열심히 들어 주리라 마음먹고 있었습니다. 미용사는 자기가 하나님을 위해 얼마나 좋은 일을 많이 하는지 정신없이 떠들어 댔습니다. 하지만 그 때문에 머리를 자르는 시간이 계속 늘어났고 가끔씩은 머리 자르다 말고 자기 이야기만 늘어놓았습니다. 나는 머리 손질이 끝나면 곧 약속 장소로 나가 봐야 했기 때문에, 아주머니가 '자기 이야기'를 하느라 면도칼을 내려놓을 때마다 심장이 멎는 것 같았습니다. 그분이 머리를 자르다 말고 딴 이야기를 할 때마다 나는 1단계 수준으로 들어 줄 수밖에 없었습니다. 이야기를 계속하라고 부추기고 싶지 않았기 때문이지요.

신경 써서 듣지는 않는다.

1단계는 다른 사람이 하는 말을 부분적으로만 듣는 모습이다. 1단계에 머물러 있는 사람은 수준 낮은 코치라고 할 수 있다. 정작 리더가 이야기하려는 핵심보다는 상대의 말에 담긴 정보에만 집중할 때 이런 현상이 발생한다. 1단계 수준에서 볼 때 코치가 리더의 이야기를 듣는 것은 좀 더 효과적인 답변을 주려고 최대한 많은 정보를 얻으려는 차원이다.

이처럼 1단계 수준에 있는 코치는 '리더에게 무슨 말을 해 줄까?'라는 생각 때문에 더 많은 정보를 얻기 원한다. 1단계 수준에서는 들어 주는 것이 '상담용 경청'에 지나지 않는다. 코치 자신의 목표를 달성하는 것에만 관심이 있기 때문이다. 1단계 수준의 코치는 전문가로서 리더에게 조언을 던져 주는 것을 가장 중요한 목표로 삼는다.

코치의 역할이 어떤 것인지 제대로 이해하기 전까지 나는 1단계 수준에 머물렀음을 솔직하게 고백한다. 나는 면담 시간에 리더가 이야기하는 동안 내 할 말을 준비하기에 바빴다. 실은 내가 하고 싶은 이야기를 제대로 전개하려고 리더들의 이야기를 들어 준 것이다. 즉, 내가 말하려고 남의 이야기를 들었다. 그 당시 나의 코칭은 리더 중심이 아닌 '조엘 코미스키 중심'이었다. 조언을 해 주려고 이야기를 들었다. 그런 다음에는 과연 내가 조언해 준 대로 실천하고 있는지 확인하려고 또다시 면담을 하기도 했다.

2단계 : 집중해서 듣기

2단계는 코치가 리더의 말에 완전히 집중한다는 점에서 1단계 수준보다는 뛰어나다. 이 단계에서는 코치가 미리 준비해 온 목록에 따라 면담을 진행하려 하지 않는다. 대신 리더의 이야기를 들은 후에 자연스럽게 진행하고자 한다. 2단계에서 코치는 리더가 하는 말을 사실 그대로 이해하는 데 집중한다. 2단계 수준에 있는 코치는 리더가 말로 표현하는 모든 사항을 제대로 이해하려고 노력한다.

🔒 전략

집중해서 잘 들어 주려면

- 설득하려고 하지 말라.
- 자신의 경험담을 굳이 나누려 하지 말라.
- 직접 해답을 주려고 하지 말라.
- 리더의 생각을 모두 듣기 전까지는 자신의 의견을 내놓지 말라. 인내심을 가지고 경청하라.
- 리더가 코치의 말을 잘 이해하지 못하는 경우 지도 방법을 바꿔야 하는 수도 있다. 하지만 그렇게 하기 전에 먼저 리더의 동의를 구해야 함을 기억하라.

우리 어머니가 여든이 다 되신 우리 아버지를 모시고 신경과 의사를 찾아간 적이 있었다. 어머니는 의사가 아버지의 상태와 치료법에 대해 하는 말을 2단계의 태도로 열심히 경청했다. 의사가 한 말을 집중해서 들은 덕분에 어머니는 아버지를 좀 더 효과적으로 도울 수 있었다.

코치가 2단계의 태도로 이야기를 듣는다면 리더가 설명하는 말이나 질문을 자세히 들으면서 대화가 흘러가는 방향을 제대로 잡게 된다.

예를 들어 리더가 자기 모임 중에 혼자서만 이야기를 주도하는 사람을 어떻게 대처해야 할지 고민하고 있을 때, 코치는 리더가 그 사람에 대해서 어떤 감정을 느끼는지 잘 들어 준 다음 리더가 그 문제를 어떻게 해결할 수 있을지 여러 가지 다양한 해법들을 스스로 찾아내도록 도울 수 있다. 그런 상황에서 코치가 곧바로 자신의 비슷한 경험을 이야기하거나 그 문제를 해결할 몇 가지 방법들을 일일이 나열하는 것은 2단계의 경청법이 아니다. 골치 아픈 상황에 대해서 코치가 즉각적으로 해결책을 내놓지 않고 리더 스스로 좋은 해결 방법을 떠올리며 대화를 마무리할 수 있도록 하는 것이 2단계 수준의 태도다.

> **통찰**
>
> "누군가의 말을 깊이 몰두해서 들어주는 것은 그 사람에게 줄 수 있는 최선의 선물이다. 또한 그 사람에게 해 줄 수 있는 최고의 칭찬법이다."

3단계 : 공감하며 듣기

3단계에서도 코치는 리더가 하는 말을 자세히 들으면서 그 내용을 완전히 이해한다. 하지만 여기서 한 단계 더 나아가 코치는 리더의 상황, 감정을 표현하는 말투, 과거에 함께 나눴던 대화, 또한 하나님이 차근차근 보여 주시는 부분까지 고려하여 듣게 된다.

3단계의 수준에 있는 코치는 다양한 관점에서 리더의 이야기를 들을 수 있다. 리더의 몸동작, 얼굴 표정 등 말로는 표현하지 않지만 리더가 실제 생각하는 바를 이해할 수 있는 부분까지 자세히 듣는다. 사람의 의사소통은 60퍼센트가 몸동작으로 표현된다는 것을 잘 알고 있기 때문이다.

3단계 수준으로 이야기를 들어 줄 수 있는 비결은 바로 융통성이다. 즉 리더가 말하는 내용을 다 듣고 잘 이해한 뒤 상황의 흐름에 맞게 대처하는 것이다. 지금 나누는 이야기의 흐름을 따라가거나 혹은 생각을 바꾸어 이전에 논의했던 것을 다시 떠올리게 될 수도 있다. 성령님이 필요한 정보를 주시며 어느 특정한 방향으로 인도하고 계심을 깨달을 수도 있다. 그럴 때는 계속 그 길을 따라가라. 성령님이 여러분에게 말씀하시며 끝까지 인도해 주실 것이다.

3단계 수준으로 이야기를 듣는 동안 때로는 이상한 느낌이 들 수도 있을 것이다. 말투가 변한다거나 사소한 방햇거리가 여기저기에서 발생하고, 평소와 달리 아무런 생각도 떠오르지 않을 수 있다. 그렇다면 잠시 대화를 멈춘 뒤 성령님이 역사하신다고 느껴지는 부분을 더 깊이 묵상하며 이 상황에서 무엇을 하기 원하시는지 확인해 보라.

내가 맡은 소그룹 리더인 데이비드와 함께 코치의 부르심에 대해 일상적인 이야기를 나누던 때가 생각난다. 데이비드는 사역을 하면서 좋은 결과를 얻었던 일이나 실망한 부분 등에 대해 이야기를 했다. 하지만 나는 데이비드와 함께 이야기를 나누면서 뭔가 이상하다는 느낌을 받았다. 데이비드가 평소 내성적인 사람이긴 했지만 그때는 몹시 마음이 상해 있다는 생각이 들었던 것이다. 그래서 나는 "데이비드 형제, 괜찮아요? 무슨 문제가 있으신 것 같네요." 하고 이야기를 돌렸다. 내가 그렇게 물어보자, 곧바로 데이비드는 마음을 열어 자신의 이야기를 털어놓았다. 데이비드는 가족과의 관계 때문에 힘들어하고 있었고 하나님의 뜻이 무엇인지 고민하던 중이었다. 그리고 이후의 시간에는 데이비드가 답답해하는 부분을 놓고 함께 이야기를 나누었다.

비그리스도인과 달리 그리스도인 코치에게는 아주 흥미로운 점이 하나 있다. 친절한 위로자요, 지혜로운 상담자인 성령께서 언제나 함께하신다는 것이다. 비그리스도인 코치는 인간적인 직감에 의존해야 한다. 하지만 인간의 직감은 성령께서 주시는 통찰력과 비교할 수 없을 만큼 초라하며 한계가 명확하다. 아무리 뛰어난 사람이라고 해도 마찬가지다.

전략

질문을 해야 하는 이유

▶ 관련된 부분의 정보를 모을 수 있다.
- 요즘 사역은 어떻습니까?
- 개인 생활은 어떻습니까?
- 갈등하는 부분은 무엇입니까?
- 지난번 모임 때는 몇 사람이 참석했습니까?
- 구체적으로 필요한 도움은 무엇입니까?

▶ 더 깊이 알 수 있게 한다.
- 새로운 리더들을 어떤 방법으로 세우고 계십니까?
- 최근에는 어떤 방법으로 전도하십니까?

▶ 구체적인 행동을 유발한다.
- 이 부분에 대해서 어떻게 대처하시겠습니까?
- 그다음 단계는 무엇입니까?
- 다음 한 주 동안 가장 우선적으로 해야 할 일은 무엇입니까?

탁월한 질문 준비하는 법

진심으로 리더의 이야기에 귀를 기울이려면 리더가 이야기를 하도록 유도해야 한다. 여러분이 할 일은 리더가 좀 더 쉽게 이야기를 나눌 수 있도록 몇 가지 질문을 준비하는 것이다. 면담을 갖기 전에 미리 질문을 준비해 놓으면 시간을 허비하지 않고 제대로 된 대화를 진행할 수 있을 것이다.

이렇게 하다 보면 리더를 좀 더 이해하면서 그들이 필요로 하는 것, 목표로 하는 것을 알 수 있는 질문이 어떤 것인지 깨닫게 된다. 보통 질문을 하다 보면 그 리더의 성격과 영적 생활, 소그룹 사역, 미래의 목표를 알 수 있다. 이처럼 적절한 질문은 그 효과가 크다.

여러분이 준비한 질문 중에는 리더와 사역에 대한 정보 수집에 중점을 두는 것도 있을 것이다. 하지만 단순히 정보를 모으는 데만 집중하지 않도록 주의하라. 어느 누구라도 따져 묻는 듯한 질문을 좋아할 리 없다. 탁월한 코치는 단지 정보를 캐묻는 질문에서 벗어나 그들의 마음으로 다가가서 리더들 스스로 자신을 돌아보고 새롭게 집중할 수 있도록 일깨워 준다. 다음과 같은 질문을 사용해 보라.

- 앞으로는 어떠한 방향으로 나아갈 생각입니까?
- 어떤 결과를 기대하고 있습니까?
- 원하는 것은 무엇입니까?

리더 스스로도 인식하지 못하던 부분을 깨닫게 해 주는 것이 탁월한 질문이다. 또한 리더가 잠시 이야기를 멈추고 충분히 생각한 후에야 비로소 대답할 수 있는 것이 좋은 질문이다.

각 리더들과 함께 논의하고 싶은 내용을 미리 기록해 놓으라. 각자 필요한 부분은 무엇인지 지난번 기도 제목은 무엇이며 앞으로의 목표는 무엇인지 등등 분명하게 내용을 정해 두라. 동시에 당면한 문제나 필요가 있다는 느낌이 든다면 상황의 흐름을 잘 따라갈 수 있도록 마음을 준비하라. 리더에게 황급한 도움이 필요한데도 이를 무시하고 여러분이 준비한 질문 목록만 붙들고 있어서는 안 된다. 면담을 할 때는 여러분 자신의 필요가 아니라 리더들의 필요를 따라 움직여야 한다. 대화의 흐름을 따라가다 보면 리더들의 상태를 충분히 알아볼 수 있는 새로운 질문이 떠오르게 된다.

알게 된 사실을 기록하기

면담이 끝나면 새롭게 알게 된 사실을 재빨리 기록하는 것을 잊지 말라. 그리고 다음 면담에 사용할 뿐 아니라 기도하기 위한 정보로도 삼으라. 다음번 면담을 준비하기 위해서 아래와 같은 부분이 필요할 것이다.

- 지난번 면담 때 적었던 기록을 점검한다.
- 특별히 살펴보고 싶은 부분을 놓고 기도하며 고려해 본다.
- 실제로 질문을 만들어 본다.

스스로 자신의 길을 찾도록 도우라

소그룹 리더가 문제나 근심거리를 가지고 코치에게 올 때면 대부분 코치는 노련한 조언을 주고 싶어 한다. 리더에게 할 일을 가르쳐 주는 것이 상황을 해결할 수 있는 가장 빠른 방법처럼 보이기 때문이다. 그러나 코치가 너무 많은 말을 하면 리더는 할 말을 잃게 된다. 코치가 자기 이야기로 너무 오랫동안 시간을 끌게 되면 리더들은 대부분 입만 꾹 다물고 있을 것이다. 탁월한 코치라면 뒤로 물러나서 미리 준비해 온 질문을 통해 리더가 스스로 해결책을 찾아낼 수 있도록 도와야 한다.

> **통찰**
>
> ### 성급한 대답
>
> "사연을 듣기 전에 대답하는 자는 미련하여 욕을 당하느니라"(잠 18:13).

리더가 스스로 문제의 해결책을 찾으면 자기만의 기준과 방법으로 문제를 대하게 된다. 하지만 코치가 숙련된 해결법을 제시하면 고개를 끄덕이며 수긍할 것이고, 나중에 다시 코치를 찾아와 이렇게 물어볼 것이다. "저……, 제가 어떻게 해야 하는지 다시 한 번 말해 주시면 안 될까요?"

누군가를 가르친다는 것은 차를 몰고 새로운 목적지로 향하는 것과 같다. 운전자는 새로운 장소에 가더라도 이후에 그곳까지 가는 길을 기억하지만 뒷자리에 앉은 승객들은 대부분 기억하지 못한다. 물론 어렴풋이 어느 길로 간 것 같은 느낌은 들

시도

코치용 자기 점검표

- 리더를 위해 기도했습니까?
- 지난 면담 때 적었던 기록을 다시 살펴보았습니까?
- 리더들을 효과적으로 지도할 수 있도록 질문 내용을 만들어 보았습니까?
- 리더의 이야기를 들을 준비가 되어 있습니까?
- 나 자신의 개인적인 필요를 인식하고 있습니까?
- 사역에 있어서 나타나는 문제점을 인식하고 있습니까?
- 의도적으로 회피하는 문제나 필요가 있습니까?
- 사역적인 면에서 특별히 개발해야 할 기술은 무엇입니까?
- 리더를 지도할 때 유용하게 쓰일 수 있는 방법은 무엇입니까?
- 리더를 어떻게 격려할 것입니까?
- 사역에 대한 비전을 어떤 식으로 제시할 것입니까?
- 리더와의 관계를 어떤 식으로 증진할 것입니까?

겠지만 스스로 찾아가는 과정을 겪어 보지 못했기 때문에 얼마 후면 잊어버리고 만다.

그러므로 코치는 리더를 '운전자의 옆자리'에 앉혀야 한다. 리더에게 실마리를 풀 수 있는 질문을 던져 주면 그들 스스로 찾아낼 것이다. 여러분의 이야기 덕분에 리더가 큰 도움을 받는다든가 어려운 상황이 풀리는 기적이 일어날 수도 있지만, 언제나 스스로에게 물어보아야 한다. "지금 내 이야기를 나누는 것이 리더가 성장해 나가는 데 얼마나 도움이 될 수 있을까?"

당신이 맡은 역할은 모두 리더들을 위한 것이지 여러분 자신을 위한 것이 아니다. 리더들에게 이것저것 자신의 이야기로 처방을 줄 수 있겠지만, 되도록 뒤로 물러나라. 그래서 그들이 빛나도록 하라.

비밀 지키기

리더가 마음을 열고 코치에게 속사정을 말하면 코치는 그 날 이후로 입을 굳게 다물고 신의를 지켜야 한다. 한 명의 코치가 여러 명의 리더를 관리하는 것이 보통이기 때문에 리더들 각자의 개인적인 사생활을 반드시 지켜 주어야 한다. 혹 자신이 나눈 이야기가 코치를 통해 사방팔방 드러날 것이 두려워 코치에게 모든 부분을 다 나누지 못하는 리더들이 많다. 《코치를 닮은 리더 *Leader as Coach*》라는 책에서는 이렇게 말한다.

> 친밀한 대화를 나누다 보면 자기가 아는 누군가의 비밀을 슬쩍 알려 주고픈 유혹이 밀려든다. 잠시 동안은 비밀을 나눈 사람과 특별한 신뢰 관계에 있다는 뿌듯함이 들지도 모른다. 하지만 그렇게 한다면 사람들은 앞으로 자신의 약점과 근심을 당신에게 나누지 않을 것이다.

이처럼 코치란 온전한 인격과 신뢰를 갖춘 사람이어야 한다. 그리고 면담을 나눌 장소도 리더가 자기 마음을 깊이 나눌 수 있는 환경이어야 한다. 즉 편안한 환경이어야 한다.

3: 격려하기

리더가 사역을 계속할 수 있는 힘을 얻도록 돕는다.

　　우리 부부가 한번은 어느 부부를 지도한 적이 있었다. 그 부부는 정기적으로 참석하는 10명의 사람들과 열성적으로 소그룹 모임을 시작했지만 차츰 한 명씩 떨어져 나가더니 결국 그들만 모임에 남게 되었다. 그 부부는 성공적인 모임을 만들기 위해서 자신들이 할 수 있는 일을 다 해 보았다. 기도하고, 사람들을 초청하며, 정기적으로 연락을 했다. 하지만 도저히 상황을 돌이킬 수는 없었다.

　　3주 정도 소식이 뜸하더니 어느 날 부인인 패티가 내게 전화를 걸었다. "목사님, 이제 포기하려고요. 우린 아마 리더로서 자격이 없나 봅니다." 나는 반사적으로 반응했다. "자격이 없다니요! 하나님은 두 분을 리더로 부르셨잖아요. 두 분이 이 사역을 잘 해내시리라 믿습니다. 기도해 보세요. 하나님이 두 분과 함께하심이 분명한데요! 저도 두 분을 위해서 기도하겠습니다."

몇 주가 지나자 다시금 사람들이 모였고 모임의 분위기는 전보다 훨씬 좋아졌다. 몇 년 후에는 이 모임을 통해 많은 이들이 구원받았고 새로운 리더들이 세워졌으며 소그룹은 몇 배로 성장했다. 우리가 한 일은 리더들이 계속할 수 있도록 지지하고, 믿고, 기도한 것뿐이다.

> 통찰

"사람들에게 있는 가장 큰 잠재력이라고 생각되는 부분을 찾아보라. 그리고 그 부분에 대해 격려를 아끼지 말라." _존 맥스웰

패티 자매는 그 후로도 몇 번이고 그날 나누었던 통화 내용을 떠올리며 그때가 소그룹 사역의 전환점이었다고 말했다. 사탄은 패티 자매 부부가 훗날 성공적인 사역을 하지 못하도록 모임을 시작하는 시점에서 포기하게 만들려고 했다. 그래서 그들 부부가 마치 하나님나라에서 아무런 쓸모도 효과도 없는 존재인 것처럼 느껴지게 한 것이다.

소그룹 리더라는 위치가 상당히 피곤할 수 있다. 꼭 리더가 연약한 사람이어서가 아니다. 모임 때마다 구성원들은 들쑥날쑥하고 전도 활동은 시들하며 갑자기 아이들이 아프기도 한다. 게다가 달력마다 빡빡한 행사 계획에, 직장 상사들은 야근하라며 눈치를 준다. 그밖에도 일일이 전화를 걸어 줘야 되고 새로운 리더들도 세워야 하며 전도도 하고 행정적인 일도 처리해야 한다. 이토록 할 일도 많고 문제도 많은 상황에서 어떻게 해야 리더들이 생기를 되찾고 하나님을 따르려는 마음도 생길까?

그 해답은 바로 격려다. 코치의 격려에 따라 리더가 계속

사역을 진행시켜서 소그룹이 성장하느냐, 아니면 그냥 도중 하차하느냐 하는 결과까지 나올 수 있다. 격려하는 사역이 중요한 또 하나의 이유가 있다. 격려는 소그룹 리더 한 사람에게만 영향을 미치는 것이 아니라 다수의 사람들에게 장기적이고 광범위한 영향력을 줄 수 있기 때문이다.

칭찬은 영혼에 공급되는 산소와 같다

UCLA의 농구 코치인 존 우든은 선수들에게 이렇게 권했다. "득점을 했을 때 자기에게 공을 넘겨준 동료에게 고맙다는 뜻으로 미소를 짓든지 눈짓을 살짝 해 주든지 아니면 고개를 살짝 끄덕여 주도록 해라." 그런데 한 선수가 "그 친구가 딴 데 보고 있으면 어떻게 하죠?"라고 묻자 우든은 이렇게 말했다. "분명 그 친구는 자넬 뚫어지게 보고 있을걸." 이처럼 어느 누구든 칭찬이 좋은 줄도 알고 또 칭찬을 받고 싶어 한다. 현명한 코치는 칭찬으로 힘을 얻어 활기가 넘치는 선수들이 경기를 더욱 잘 이끈다는 사실을 안다.

히브리서 기자는 이렇게 말한다. "모이기를 폐하는 어떤 사람들의 습관과 같이 하지 말고 오직 권하여 그날이 가까움을 볼수록 더욱 그리하자"(히 10:25). 누구에게나 낙심이 되는 순간이

🔒 전략

소그룹 리더를 효과적으로 격려하는 방법

▶ 성취한 부분을 특히 강조한다.
- 소그룹 사람들 앞에서 칭찬해 준다.
- 리더가 제대로 실행한 사항을 찾아내서 직접 말해 준다.

▶ 확신을 심어 준다.
- "형제(자매)님은 반드시 해낼 겁니다."라며 말로 표현한다.
- 리더 스스로 진행하면서 성공할 수 있는 방법을 찾아 행동으로 보여 준다.

▶ 당신이 리더 개인에게 관심을 갖고 보살핀다는 것을 보여 주라.
- 리더의 생활 속에 일어나는 일을 파악하라.
- 리더가 힘든 시간을 보낼 때 가까이에 있어 주라.

찾아온다. 어느 순간 자기 침체의 늪에 빠지기도 한다. 남들과 비교하면서 자신을 하찮게 여기는 마음도 든다. 이때 칭찬의 말 한 마디가 엄청난 변화를 가져다준다.

내가 지도하는 어느 리더의 아내는 내게 찾아와서 자기 남편은 어떠한 칭찬을 듣지 못하면 쉽게 낙심해 버린다고 말해 주었다. "제 남편한테는 칭찬이 사랑의 언어예요. 칭찬을 받으면 활기가 넘친답니다. 그런데 요즘에는 통 칭찬을 듣지 못하나 봐요. 그래도 소그룹 사역은 아주 잘하고 있는 중이지요." 그 말을 듣고 나는 곰곰이 생각에 잠겼다. 아무리 훌륭하게 사역하는 리더라 하더라도 격려가 필요한 것은 마찬가지라는 사실을 새롭게 깨달은 것이다. 이처럼 사역의 성공 여부와 관계없이 격려는 꼭 필요하다.

기업의 경영자들 상당수는 칭찬을 아껴야 사람들이 자극받아서 더 열심히 일할 것이라고 생각한다. 어느 큰 식품 회사의 마케팅 간부는 지점장 한 사람이 일을 훌륭하게 처리했다는 사실을 알게 되었다. 그 지점장에게 성과에 만족했다는 사실을 직접 말해 주었냐는 질문에, 간부는 이렇게 대답했다. "그 친구는 이제 겨우 1루를 밟은 것뿐인데 벌써 홈인한 것처럼 착각하게 하고 싶진 않아요." 지점장은 칭찬의 말, 혹은 지나가는 말이라도 자신의 수고로 좋은 결과가 있었다는 이야기가 듣고 싶었다. 하지만 간부는 그렇게 하면 지점장의 근무 태도가 태만해질 수도 있다고 생각했다. 사실 그때 칭찬 한 마디라도 해 주었다면 지점장은 자신이 방향을 올바로 잡았다는 사실을 알았을 것이고 더욱 높은 성과를 내기 위해 더 열심히 일했을 것이다.

 통찰

영감 있는 코치법

미식축구팀의 한 주전 선수가 경기를 엉망으로 만들고 있었다. 공을 던졌지만 수비에 걸리는 바람에 경기 진행이 더욱 힘겨워졌다. 중간 휴식 시간이 되자, 코치가 다가왔다. "그래 이제 끝장이야. 코치님이 날 빼 버리겠지." 그 선수는 이렇게 생각했다. 그런데 코치는 오히려 이렇게 말했다. "걱정하지 마. 지금이라도 이 경기를 승리로 이끌고 영웅이 될 수 있어." 새롭게 힘을 얻은 선수는 후반전 때 멋진 경기를 펼쳤고 결국 결정적인 터치다운을 따내게 되었다. 경기 후 인터뷰 시간에 선수는 그 이야기를 하면서 이번 경기의 승리는 모두 코치의 격려 덕분이라고 했다.

소그룹 코치는 자신이 맡은 리더들에게 최고의 응원자가 되어야 한다. 격려받고 칭찬받은 리더는 자신이 맡은 임무보다 더 많은 일을 하게 될 것이다. 자기 사역이 인정받고 있다는 사실을 알게 되면 신이 나서 더 빠른 속도로 달리게 된다. 별것 아닌 부분이라도 발전된 모습이 보이면 칭찬해 주라. 소그룹 리더가 성장하면 나아진 부분을 인정해 주라. 성공에 따른 보상은 반드시 해 주어야 한다.

격려의 말로 시작하라

코치들이 리더와 개인 면담을 할 때나 전체 모임을 할 때는 먼저 격려의 말로 시작하기 바란다. 리더는 자신이 올바로 길을 가고 있다는 사실을 알 경우, 좀 더 정직하게 자신을 나누는 경향이 있다. 리더가 나눈 이야기 가운데 긍정적인 부분을 가지고 격려의 말을 하라. 사람들이 변해 가는 모습을 어떤 관점에서 바라보는지 여러분의 생각을 나누라.

리더들은 자신을 지나치게 비판하면서 마치 아무런 자격도 없는 사람처럼 생각하는 경향이 있다. 자신이 가진 좋은 부분 중에 굳이 한두 가지 약점들을 비약해서 자기 정죄와 침체의 늪에 빠지는 경우가 많다. 인류의 위대한 지도자 가운데 한 사람인 마르틴 루터의 경우 우울함과 절망에 사로잡힌 나머지 며칠 동안이나 집에 틀어박혀 나오지 않은 일도 있었다. 마르틴 루터가 이런 증세를 보이면 가족은 집 안에 보이는 위험한 물건을 죄다 치워야만 했다. 세계적으로 위대한 설교자 찰스 스펄전은 1866년 어느 날 5,000명이나 되는 성도들을 향하여 이렇게 고백했다. "저는 쉽게 절망하는 사람입니다. 그 느낌이 얼마나 두려운지, 저는 여러분 가운데 누구라도 저처럼 그런 심각한 상황에 빠지지 않기를 바랍니다." 믿음의 위대한 영웅들도 그런 어려움을 겪었는데 소그룹 리더들이야 얼마나 더하겠는가?

원수는 리더들이 낙담하도록 쉼 없이 정죄하며 사역할 힘

격려에 관한 성경 말씀

데살로니가전서 5장 12절 내용은 다음과 같다. "너희 가운데서 수고하고 주 안에서 너희를 다스리며 권하는 자들을 너희가 알고." 그리스 어로 살펴보면 '인정하라'는 말은 '깨달아라', '알라'는 의미다. 인정한다는 것은 여러분이 맡고 있는 소그룹 리더들의 성실한 수고를 승인하고, 칭찬해 줄 부분은 칭찬해 주는 것이다. 인정해 주는 목적은 리더의 사역을 격려하고 지지하기 위함이다. 이는 최선을 다해 봉사한 노고를 '보답' 해 주는 것과도 같다.

> 🔦 **통찰**

"리더를 지도하는 가장 중요한 방법은 그들을 진심으로 격려하는 것이다. 소그룹 리더로 섬긴다고 고마워하는 사람도 없기 때문이다. 특히 아주 힘겨운 사람들을 대상으로 사역할 때는 더욱 그렇다. 소그룹 리더들이 사역을 그만두는 가장 큰 이유는 격려받지 못하기 때문이다. 새내기 리더들은 보통 의욕이 가득한 상태로 사역을 시작한다. 하지만 어느 정도 시간이 지나면 의욕이 떨어지게 마련인데 이 상태를 코치가 잘 점검해 주지 않으면 곧 실망하고 꿈에서 깨어나게 되며, 점차 실의에 빠져서 결국 사임하는 시점까지 오게 되는 것이다." _오스트레일리아의 소그룹 코치

을 모조리 빼앗아 가려고 한다. 원수는 "너 같은 리더를 누가 인정해 주겠어?", 혹은 "내일 소그룹 모임을 네가 인도하겠다고? 성경도 제대로 모르는 주제에……." 하며 거짓말을 속삭인다. 사탄은 한 명의 리더를 낙심시키면 소그룹 전체에 그 영향력을 미칠 수 있다는 사실을 잘 안다.

리더는 또한 일상생활에서도 낙심에 빠지기 쉽다. 그런 사람들은 자신이 할 일을 다 못 하고 있는 것 같아 계속 자책한다. 인류학 권위자인 에드워드 스튜어트 교수는 이렇게 말하고 있다. "현대인들은 자신의 능력을 입증해야 된다는 부담감을 느끼고 뭔가를 성취해야만 자신의 신분을 보장받고 성공할 수 있다는 생각을 갖고 있다." 프랑스 출신의 작가 겸 사회 연구가인 알렉시 드 토크비어 역시 비슷한 견해를 보였다.

"나는 미국에 있을 때 세상의 좋은 것은 다 가지고 자유롭게 살아가는 똑똑한 사람들을 만난 적이 있다. 하지만 이따금 그 사람들 얼굴에는 먹구름이 감돌았다. 오락을 즐기면서도 아주 심각해 보였고, 심지어 서글퍼 보이기까지 했다. 아직 자신이 손에 넣지 못한 것들을 아쉬워하기 때문이었다. 전통적인 사회와 비교해 볼 때 미국인들은 훨씬 생동감 넘치게 행복을 추구하고 노력을 기울인다. 하지만 자신이 바라고 소망하는 것을 얻지 못할 때 훨씬 큰 실망감을 느끼고 근심과 초조감에 시달린다."

들어 주면서 격려하기

격려하기 위한 첫 단계는 리더의 이야기를 들어 주는 것이다. 조금이라도 칭찬할 만한 내용이 있는지 귀를 쫑긋 세우고 들어 주라. 조금이라도 잘한 흔적이 보이면 그 점을 놓고 인정하는 말을 하라.

리더가 사역에 열매가 없는 것과 실망한 마음, 어려운 상황 등에 대해서 입을 열기 시작하면 먼저 그 이야기에 귀 기울여야 한다. 리더의 말에 공감을 표시하라. 그리고 하나님께서 리더의 삶 속에 행하신 일을 상기시켜라. 아마 자신이 소그룹 리더로 섬기면서 얼마나 성장하게 되었는지 깨닫게 될 것이다.

🔍 **시도**

격려의 편지를 쓰라

여러분이 맡은 리더를 격려할 수 있는 또 한 가지 방법은 격려의 내용이 담긴 편지를 쓰는 것이다. 켄트 휴는 자신의 책에서 이렇게 썼다. "몇 년 전 책에서 이런 내용을 읽었다. 필립스 브룩스는 힘겨운 날을 대비해서 자신이 받은 격려의 편지나 쪽지를 잘 모아 놓았다. 실제로 그런 시기가 오면 모조리 다 끄집어내어 다시 읽어 보기 위해서라고 했다. 그래서 나도 내가 받은 편지와 쪽지를 모으기 시작했다. 격려 편지를 받으면 모두 모아 놓았는데 정말 그 편지를 모두 다시 읽어야 하는 때도 있었다. 그리고 나는 언젠가부터 다른 사람들, 특히 사역하고 있는 동료들에게 더욱 많은 격려의 편지를 쓰기 시작했다."

다. 다음의 예를 살펴보자.

조그만 부분이라 하더라도 찾아내서 칭찬해 주라. 리더의 정직하고 투명한 성품이나 성실한 사역 태도를 정확히 집어낼 수 있을 것이다. 리더의 모습 가운데 긍정적이고 하나님께 영광을 돌릴 만한 부분이 있다면 분명하게 말해 주라. 사소한 부분도 놀라운 승리의 감사로 바꾸어 주라.

격려는 끝까지 해낼 힘을 준다

건강한 리더는 여러 가지 방해물을 무릅쓰고서라도 자신을 회복시켜 새롭게 사역에 매진하는 법을 안다. 또한 현명한 코치는 리더가 마라톤처럼 장거리 경주를 뛰고 있다는 사실을 인식시켜 준

- 에이브러햄 링컨은 2번씩이나 사업에서 실패를 했고 주 의원 선거

와 국회 의원 선거에서도 6번 낙선한 후에야 미국 대통령으로 당선되었다.

- 야구 선수 베이브 루스는 경기에서 1330번이나 삼진 아웃을 당했다. 하지만 그동안 714번의 홈런을 쳤다.

- 데오도르 가이젤이 쓴 첫 번째 어린이 동화집은 23개의 출판사에서 거절당했다. 그러나 그의 책을 출간한 24번째 출판사는 무려 6백만 권의 책을 판매했다.

- 조지 뮬러는 그의 전 생애에 걸쳐 5명의 친구들이 예수님을 알 수 있도록 기도했다. 5년 후에 한 친구가 그리스도께로 돌아왔다. 그리고 10년이 채 지나지 않아 다른 두 친구가 그리스도를 영접했다. 조지 뮬러는 24년 동안 계속 기도했고 결국 네 번째 친구가 구원을 받았다. 이후 조지 뮬러는 죽을 때까지 마지막 한 친구를 위해서 기도했고, 그 친구도 결국 뮬러가 사망한 지 4개월 후에 그리스도께로 돌아올 수 있었다. 마지막 그 친구를 위해서 뮬러는 무려 54년간을 기도했다.

뛰어난 소그룹 리더는 조건도 불리하고 이길 승산이 없는

통찰

금덩어리 발견하기

"우리가 가진 재능이 무엇인지 객관적으로 볼 수 있는 유일한 방법이 때로는 다른 사람들의 눈을 통해서 나를 바라보는 것일 수 있다."

듯한 상황에서도 결코 포기하지 않는다. 스스로 길을 만들어 내야 하는 때라도 방법을 찾아낸다. 여러분이 격려하고 지도해 줄 때 리더는 물러서지 않고 끝까지 나아간다.

> 🔓 전략

리더가 바라는 것

"리더냐 일반 성도냐에 상관없이 모든 사람들에게는 공통적인 부분이 있다."

- 자신이 특별하다는 느낌을 받고 싶어 한다. 칭찬을 아끼지 말라.
- 더 나은 미래를 원한다. 희망을 제시하라.
- 분명한 방향성을 바란다. 방향을 제시하라.
- 이기적이다. 이들이 원하는 것을 우선적으로 이야기하라.
- 마음이 푹 가라앉아 있다. 맘껏 격려하라.
- 성공을 원한다. 승리할 수 있도록 도와주라.

_존 맥스웰

격려는 좀 과해도 된다

신약 성경에는 바나바라는 사도가 등장한다. 그의 본명은 요셉이었으나 사도들은 그를 '위로의 아들', '격려의 아들'이라는 뜻의 바나바라고 불렀다(행 4:36). 바나바는 그 이름처럼 사람들에게 위로를 주고 격려하는 일들을 잘 감당했다. 당시 바울이 그리스도를 만나 회심하기는 했으나 제자들은 자신들을 핍박하던 바울을 무척 두려워했는데, 이때 바울을 제자들에게 소개해 주고 그의 회심을 증명해 준 사람이 바로 바나바였다.

이후 사도들은 바나바를 새롭게 부흥하는 안디옥교회로 파송했다. 그때 바나바는 바울을 찾아가 함께 사역하자고 권했으며, 초보 전도자였던 바울을 격려하여 능력 있는 사역을 할 수 있도록 도왔다.

코치인 바나바의 모범을 따라 격려의 달인이 되자. 격려가 지나치면 사람들이 교만해진다고 걱정하지 말라. 격려하고, 격려하고, 또 격려하라. 여러분의 돌봄을 받는 리더들의 능력이 활짝 피어날 것이다.

> **통찰**
>
> 슈와브는 이렇게 단언했다. "지금까지 나는 폭넓은 인간관계를 맺으며 세상의 다양한 분야에서 활동하는 위대한 인물들을 많이 만나 보았다. 하지만 높은 지위에 오른 사람 중에 격려의 분위기 속에서 혼신의 노력을 다했다는 사람은 봤어도 비판의 분위기 속에서 실력을 잘 발휘했다는 사람은 아직 만나 보지 못했다."

4: 보살펴 주기
리더의 동반자가 되어 전반적인 생활을 보살피고 돌본다.

    수잔 보르가르 자매는 로스앤젤레스에서 4명의 소그룹 리더를 지도하고 있다. 그중 한 명인 비키 자매는 약물 중독으로 어려움을 겪어 왔다. 수잔의 이야기다.

    우리는 함께 '여성을 위한 수련회'를 떠났어요. 그런데 비키가 겁을 먹더라고요. 약물 복용을 하는 것 같았어요. 수련회 둘째 날에 그 사실을 알게 되면서, 저는 비키에게 제가 겪었던 이야기를 해 주었습니다. 사람들은 보통 겁을 먹으면 과거에 빠졌던 잘못된 습관으로 되돌아가는 경향이 있다고요. 하지만 저는 이렇게 덧붙였어요. 비키가 아무리 과거의 그곳으로 돌아간다고 해도 내가 비키를 아끼는 마음은 절대로 변하지 않을 거라고 말이에요. 그 말을 듣자 비키는 눈물을 쏟으며 말했습니다. "제가 몇 번을 실패하든, 당신은 한 번도 저를 거절하지 않으셨죠. 수잔, 저는 당신을 통해서 하나님의 사랑을 느껴요." 저는 다시 이렇게 말했습니다. "자매님, 제가 자매님을 사랑하고 아끼긴 하지만 하나님이 자매님을 사랑하고 아끼는 마음은 그보다 훨씬 크답니다." 다음 해 비키는 300명의 여성들이 모인 자리에서 간증을 했습니다. 제가 아니었다면 아마 1년 전에 벌써 스스로 목숨을 끊었을지도 모른다고 말입니다.

성과가 아닌 인격으로

스코트 켈러는 자신이 맡은 리더들과 친근한 관계를 맺고 있다. 그동안 소그룹 모임을 여러 번 배가시킬 수 있었던 것도 바로 그러한 관계 덕분이다. 스코트와 함께하는 사람들은 다들 스코트를 아끼고 존경한다. 스코트에게 성공의 비결이 무엇인지 묻자 그는 이렇게 대답했다. "가장 중요한 것은 맡겨진 사람들을 사랑하는 것입니다. 저는 제 리더들을 사랑합니다."

대부분 사람들은 자기 임무를 성취했을 때 무척 기뻐한다. 이것은 무척 자연스러운 일이다. 코치들 중에는 자신의 사역을 자기 성취의 도구 정도로 보는 사람도 있긴 하다. 하지만 코치들이 결코 잊지 말아야 하는 사실은 리더는 인격체이지 성공 제조기가 아니라는 점이다. 기업에서 활동하는 전문 코치들은 다음과 같이 표현하곤 한다.

 통찰

"우리 단체에서 사역하는 사람들이 격려의 손길을 느끼는 두 가지 이유가 있다. 첫째, 나는 그들과 친숙하고 친밀한 관계를 세우기 위해 함께 시간을 보낸다……. 나는 그 사람들을 잘 안다. 둘째, 나는 그들을 아끼고 그 마음을 자주 표현한다. 그저 사람들이 하는 일을 가지고 칭찬하는 것이 아니다. 내가 그들을 최우선적으로 돌보고 아낀다는 사실을 알려 주는 것이다." _존 맥스웰 코칭을 하면 대부분 좋은 결과도 얻을 수 있으므로 의뢰인이나 코치 모두 '결과'라는 함정에 빠지기 쉽다. 즉, 목표에만 집중할 뿐 중간 과정을 지켜보는 부분은 무시해 버린다. 사실 과정은 흐르는 강물에 자주 비유된다. 인생의 강을 보면 앞뒤 가리지 않고 급류처럼 쏜살같이 떠내려가는 기간이 있는가 하면, 때로는 어느 곳으로도 흘러가지 못하고 정지해 있는 시간도 있다. 또는 직업이라는 역류에 부딪히고 관계라는 소용돌이 속에 휘말리다가 배신의 웅덩이로 미끄러져 들어가기도 한다.

결과에만 너무 집중하게 되면 소그룹 리더는 기계 속 톱니바퀴로 전락해 버릴 것이다. 마치 자신을 '결신자 제조기'처럼 여기거나 교회 성장을 위해 교회가 자신들을 이용하고 있다는 느낌이 들기 시작할 것이다. 하나님의 사역은 인생을 살아가는 사람들을 통해 이루어진다. 소그룹 리더의 인생은 긴 여행이고 과정이다. 코치는 단 며칠이 아닌 인생의 긴 시기를 함께 걸어가는 리더의 동반자다.

> 통찰
>
> "올바른 코치는 리더가 한 인격체임을 잊지 않는다. 리더가 하는 일이 아니라, 리더의 인격에 사랑을 보이는 것이 진정으로 리더를 돌보는 것이다."
> _빌 도나휴

한번은 리더로 섬기는 어느 형제에게 제발 하루 정도 시간을 내서 가족과 함께 보내라고 제안한 적이 있다. 그 형제는 우선순위에서 가족을 일과 스포츠 다음에 두고 있었다. 가족과 함께 보내는 시간이 거의 없는 것 같았다. 물론 그 대가로 일의 성과가 있었는지도 모른다. 하지만 이대로 두면 결국 가족은 고통을 당하고 조만간 그 형제의 사역도 어려움을 겪을 것이다.

코치인 여러분이 맡은 임무는 리더가 인생 전체에 걸쳐 긴 여행을 할 수 있도록 돕는 것이다. 리더가 재정을 지혜롭게 사용하는지, 음주, 음란물 시청 등을 스스로 절제하는지 살펴볼 수 있다. 혹은 자만심이나 반항심, 일중독, 가족에 대한 무관심, 교회 결석, 불성실한 십일조 생활 등의 문제가 있을 수도 있다.

리더에게 필요한 부분이 무엇인지 도움이 될 만한 것을 찾아보라. 훈련 프로그램이 필요한가? 영적인 속박을 끊어 주는 세미나가 좋은가? 전문적인 상담은 어떠한가?

리더들에게는 육체적, 정신적, 정서적, 영적 돌봄이 필요하며, 이것이 분명 최우선순위가 되어야 한다. 리더의 가정생활과 영적 생활, 마음 상태를 살펴볼 수 있도록 질문을 사용하라. 여러분이 리더들의 일상생활과 관련된 문제를 거론하면 리더들은 코치가 자신들을 돌봐 주고 관심을 가진다고 느끼게 된다. 사실 자신을 지도하는 코치에게 실망을 안겨 주고 싶지 않기 때문에 도움을 직접 요청하지 못하는 때가 많다. 따라서 코치는 그 시기를 적절히 읽을 줄 알아야 한다.

코치 여러분은 리더들을 세우고, 두려워하는 마음을 다독여 주며, 올바른 길을 따라가도록 돕는 자로서 그 자리에 서 있다. 여러분이 가진 전문적인 기술은 아주 중요하며 필요한 상황에서 그 진가를 발휘할 것이다. 하지만 코치로서의 가장 중요한 기술은 리더를 돌보는 일이다.

솔직하라

가끔은 자기 연민과 낙담에 빠져서 어느 누구에게도 도움을 줄 수 없는 때도 있을 것이다. 또

🔖 **전략**

관심과 사랑 보여 주기

▶ 가정생활에 대한 질문
- 소그룹 리더로 섬기는 것이 가족에게 어떤 영향을 주었습니까?
- 최근 가족과 함께 시간을 보낸 날은 언제입니까?

▶ 영적 생활에 대한 질문
- 하나님과의 관계는 어떻습니까?
- 그리스도인으로서 갈등을 겪는 부분이 있습니까?

▶ 마음의 상태
- 소그룹 사역을 하면서 어떤 점을 느꼈습니까?
- 요즘의 감정 상태는 어떻습니까?

한 리더가 하는 이야기가 전혀 들어오지 않을 때도 있다. 그저 사실을 인정하라. 그리고 리더에게 자신이 '딴 생각에 빠져' 있느라 잘 듣지 못해서 미안하다고 말해 주라. 이러한 여러분의 행동을 통해 리더들은 삶의 올바른 모범을 보게 되고, 그들이 섬기는 소그룹 구성원들에게도 동일한 행동을 취하게 될 것이다.

🖋 통찰

먼저 당신의 이야기부터 털어놓으라

"당신 이야기부터 털어놓으라. 다른 사람에게 먼저 질문을 던지고 그를 꼬집어서 비판하는 실수를 범하는 경우가 많다. 당신 자신의 문제를 먼저 열어 보임으로써 서로의 신뢰를 세울 수 있도록 첫 발걸음을 먼저 내딛으라." _셜리 페디

어느 코치는 리더들을 돌보는 일에서 가장 중요한 요소는 바로 투명성이라고 말했다. 그는 리더들에게 마음을 열라고 하기 전에 자신이 먼저 마음속 이야기를 나누었다. 그들은 서로를 의지하면서 신뢰감 있는 관계를 세워 나갔다.

리더들과 신뢰를 쌓으려면 여러분이 먼저 솔직하게 나누라. 사람들은 아무 생각 없이 겉으로만 긍정적인 척하는 사람의 마음을 금세 알아차린다. 뭐든 다 아는 것처럼 행동하기보다는 모르면 모른다고 인정하는 것이

훨씬 낫다. 《코치를 닮은 리더Leader as Coach》라는 책에는 이렇게 나와 있다. "당신의 실수는 용서받을 수 있지만 아무 문제도 없는 것처럼 행동하는 모습은 용서받지 못한다. ……마음을 새롭게, 실수를 통해 함께 배워 가라. 정직하게 자신의 실수를 인정하고 용서를 구하는 용기를 가지라."

여러분 자신의 문제나 가정 문제를 모두 털어놓으면서 이전과는 달리 좀 더 개인적인 부분을 공개해야 할 필요를 느낄 때가 있을 것이다. 이러한 고백은 여러분과 리더들 간의 신뢰를 더욱 두텁게 한다.

리더와 친구가 되라

"우리 코치는 나한테 전혀 관심이 없습니다. 그저 내가 뭘

> **사전**
>
> ## 우정의 의미
>
> '친구'를 뜻하는 단어인 'friend'는 '사랑하다'라는 의미의 고대 독일어 동사로부터 유래된 것이다. 또한 이 단어는 현대 영어인 fee, affray, Friday의 어원이기도 하다.

하고 있는지 관리하고 점검할 뿐이죠. 하지만 저한테는 친구가 필요해요." 상처받은 마음을 토로하며 어느 리더가 한 말이다.

많은 사람들이 단순하고도 강력한 우정의 원리를 간과하고 있다. 하지만 우정이야말로 소그룹 리더들을 성공적으로 지도하는 비결이라고 믿는다.

전략

전화를 활용하라

전화 통화로도 충분히 관계를 세울 수 있다. 하지만 전화를 걸기 전에 먼저 함께 이야기 나누고 싶은 부분에 대한 질문을 몇 가지 준비하라. 리더의 이야기를 들어 줄 마음의 준비를 하라. 그러기 위해서는 당신의 복잡한 생각을 먼저 정리해야 한다. 준비한 내용대로 질문을 하면서 대화를 시작하고 리더의 이야기에 귀를 기울이라.

최고의 코치이신 예수께서는 요한복음 15장 15절에서 제자들에게 하신 말씀을 통해 우정의 간단한 원리를 보여 주셨다. "이제부터는 너희를 종이라 하지 아니하리니 종은 주인이 하는 것을 알지 못함이라 너희를 친구라 하였노니 내가 내 아버지께 들은 것을 다 너희에게 알게 하였음이라."

예수께서는 죄 많은 열두 명의 인간들과 우정 어린 관계를 맺으셨고 3년 동안 그들을 돌보아 주셨다. 예수께서는 그들과 함께 식사하고 주무셨으며 거의 모든 질문에 대답해 주셨다. 마가복음의 저자는 열두 명의 제자를 부르신 모습을 다음과 같이 묘사했다. "이에 열둘을 세우셨으니 이는 자기와 함께 있게 하시고 또 보내사 전도도 하며"(막 3:14). 예수께서는 규칙과 방법을 가르치기 전에 먼저 그들과 함께하는 시간을 우선순위로 삼으셨다.

나는 이 교훈을 참으로 힘겹게 배웠다. 3년여 시간 동안 7명의 리더들을 지도한 적이 있다. 가끔씩 리더들은 우리 집으로 찾아와서 소그룹 지도 방법을 훈련받기도 했고 목표 성과 정도를 평가하는 법도 공부했다. 나는 전체가 함께 모일 때마다 텔레비전에 컴퓨터를 연결해서 파워포인트 화면을 보여 주며 나의 가르침으로 사람들을 감동시키려 했다.

나중에 리더들에게 물어보니, 나의 환상적인 설명과 당시로서는 첨단 장비를 보면서도 그다지 감명받지 않았음을 알 수 있었다. 리더들은 모임을 마칠 때

통찰

관심과 사랑 보여 주기

고용주를 대상으로 피고용인에게 바라는 덕목 3가지가 무엇인지 조사해 보았다. 그중 첫째가 사람들과 화합하는 능력이었다. 무려 84퍼센트의 고용주가 뛰어난 대인 기술이 필요하다고 대답했다. 40퍼센트 정도는 교육과 경력을 그다음으로 꼽았다.

만족스러운 표정이 아니었으며 뭔가 다른 것을 갈급해했다.

🛠 시도

우정을 쌓는 데 필요한 실질적인 제안

- ▶ 리더들을 집으로 초대해서 식사를 대접하라. 리더들에게 당신의 가족과 애완동물 등 일상을 보여 주라.
- ▶ 리더들에게 생일 카드를 보내라. 또는 웃음을 자아내고 마음의 벽을 허물 수 있도록 깜짝 메시지 같은 것을 불시에 보내 보라.
- ▶ 리더가 하는 이야기를 잘 듣고 다음과 같은 질문을 해 보라.
  - 어린 시절은 어떠했는지 물어보라.
  - 자녀들 이름을 물어보라.
  - 자녀들의 생일을 기억해 두라.
- ▶ 함께 차 마시러 나가라.
- ▶ 함께 운동을 하러 가자고 하거나 함께 활동할 만한 것들을 제안하라.
- ▶ 리더들을 위해 날마다 기도하라 (영적인 관계를 더욱 견고히 하는 방법이다).

다른 사람들과 이야기를 나누는 동안 하나님은 좀 더 효과적으로 지도할 수 있는 방법을 보여 주기 시작하셨다. "사람들은 자신이 충분한 관심을 받는다는 사실을 알기 전까지는, 당신의 지식이 뛰어나든지 말든지 아무 관심이 없다."는 말의 의미가 서서히 이해되기 시작했다. 코치가 성공적으로 사역하기 위해서는 지식, 훈련 기술, 문제 해결 능력이 분명 필요하다. 하지만 소그룹 리더가 정말로 원하는 것은 짐을 나누어 지고 머나먼 길을 동행해 주며, 잘 들어 주고 섬기는 사람이다.

그렇다면 정규적인 면담 시간은 중요하지 않다는 의미인가?

리더들을 양육하고 필요한 기술을 훈련시킬 이유가 없다는 말인가? 그렇지는 않다. 여기서 말하고자 하는 것은 코치라면 먼저 친밀한 우정 관계를 통해서 리더들의 마음을 얻으라는 것이다. 그 외 다른 것은 모두 자연스럽게 따라오게 된다.

사실 가장 뛰어난 지도법은 자연스럽게 삶 속에서 배우는 것이다. 예수께서는 단지 기도를 가르치기 위해 제자들에게 강의하신 것이 아니다. 오히려 함께 기도 모임을 갖자고 하셨다. 직접 기도하는 모습을 제자들에게 보여 주셨다. 제자들이 예수께서 무엇을 하고 계시는지 의아해했을 때, 그것을 기회로 삼아 기도를 직접 가르쳐 주셨다(눅 11:1-4).

복음 전도에 있어서도 마찬가지다. 예수께서는 직접 제자들 앞에서 사람들에게 복음을 전하셨고 제자들도 그대로 따라하도록 가르쳐 주셨다. 복잡하고 교리적인 문제도 삶의 실제 현장에서 소재를 얻어 자세히 설명해 주셨다.

말주변이 뛰어나고, 높은 학력에, 전임 사역의 부르심을 받은 코치가 되기는 어려워도 친구가 되어 주는 것은 누구나 할 수 있다.

여러분은 아마 나처럼 그렇게 어리석지는 않을 것이다. 친구의 관계에서 중요한 핵심이 무엇인지 대부분 잘 알고 있을 것이다. 혹시 아직 그 비결을 모른다면 이제부터라도 리더들과 깊고 따뜻한 우정을 쌓아 가기 바란다. 여러분도 나처럼 이토록 단순한 진리가 사람들의 삶 속에 얼마나 크게 영향을 미치는지 깨닫게 될 것이다.

섬기는 사람이 위대한 사람

"예수께서 앉으사 열두 제자를 불러서 이르시되 누구든지 첫째가 되고자 하면 뭇 사람의 끝이 되며 뭇 사람을 섬기는 자가 되어야 하리라 하시고 어린아이 하나를 데려다가 그들 가운데 세우시고 안으시며 제자들에게 이르시되 누구든지 내 이름으로 이런 어린아이 하나를 영접하면 곧 나를 영접함이요 누구든지 나를 영접하면 나를 영접함이 아니요 나를 보내신 이를 영접함이니라"(막 9:35-37).

섬기는 코치

코치라고 해서 완벽할 필요는 없다. 리더를 돋보이게 하는 것이 코치의 역할이다. 즉, 모든 일에 뛰어나고 실수를 전혀 하지 않는 것처럼 보일 필요가 없다는 말이다. 언제나 눈에 띄는 자리에 서려는 교만한 사람은 좋은 코치가 될 수 없다.

고문은 자신의 조언이 상황을 바꿀 수 있는가에 관심을 가진다. 행정가는 고문의 조언이 제대로 수행되고 있는가에 신경을 쓴다. 하지만 코치는 리더를 섬기고 돌보며 온전한 사람으로 세워 가는 것에 마음을 둔다. 리더의 발을 씻기는 것이 그들을 성공으로 인도하는 길이다. 하나님의 나라에서 큰 자가 되고 싶다면 모든 사람의 종이 되는 법을 배우라.

5: 개발과 훈련

리더의 유형에 맞게 다양한 지도력을 개발하고 훈련시킨다.

비록 성적인 문제 때문에 어려움을 겪기는 했지만, 실력으로 보았을 때 타이거 우즈는 가장 뛰어난 골프 선수로 손꼽힌다. 하지만 타이거 우즈가 지금의 실력을 갖추기까지 얼마나 많은 노력을 기울였는지 아는 사람은 그리 많지 않다. 타이거 우즈는 지나칠 정도로 경기에 집착하는 선수였기 때문에 각 홀마다 어떤 식으로 경기를 해야 하는지 그 방법을 알아내기 위해 이전 경기 장면을 비디오로 살펴보았으며, 완벽하게 공을 칠 때까지 쉬지 않고 연습했다. 우즈는 친구인 마이클 조던이 했던 말을 가슴에 새겼던 것이다. "사람들이 칭찬하건 말건 네 경기에만 신경 쓰라고."

우즈는 1997년, 수준급 선수들의 경기에 참석한 후 코치에게 전화를 걸어 자신의 스윙 자세를 바꾸고 싶다고 말했다. 우즈의 코치인 하몬은 스윙 자세가 하루아침에 바뀔 수 있는 것이 아니라며 신중한 태도를 보였다. 새로운 스윙 자세를 완성하려면 수개월의 시간이 필요했으며 더군다나 팔뚝 힘을 강화하기 위해 무거운 중량 운동을 해야 했다. 또한 새로운 자세가 잡히기 전까지는 경기에서 좋지 않은 결과가 나올 것도 감수해야 했다. 하지만 우즈는 새로운 도전을 선택했고, 새로운 스윙 자세를 익힌 결과 더욱 뛰어난 선수가 될 수 있었다.

어느 코치의 고백

"나는 내가 맡은 리더들도 소그룹 사역에 대해 나와 동일한 열정을 품고 있으리라고 생각했다.……하지만 소그룹 리더들이 열망과 갈증을 느낄 수 있도록 해 주는 것이 코치로서 나의 책임이라는 사실을 깨닫게 되었다."_에릭 위쉬먼

성장 환경을 만들어 주라

타이거 우즈의 경우와 마찬가지로 리더 자신의 내적 갈망이 있어야만 그에 걸맞는 연습을 할 수 있다. 리더가 성장하도록 지도하는 것이 코치의 가장 중요한 역할인데, 실제로 연습을 하는 사람은 코치가 아니라 리더이기 때문이다. 따라서 리더의 가슴속에 발전하고자 하는 뜨거운 비전의 불길을 지피는 것이 코치의 역할이다. 윌리엄 버틀러 이스트가 한 말과도 비슷하다. "교육이란 빈 그릇을 채우는 작업이 아니라 불을 붙이는 작업이다."

리더가 품고 있는 비전을 찾아내어 이를 구체화시키라. 물론 리더의 비전이 더욱 확장되기를 원하겠지만 먼저 리더가 이미 꿈꾸고 있는 소망이 무엇인지 찾아내라. 그런 다음 그 비전이 더욱 불같이 치솟고, 크게 자라나게 하라.

내가 맡고 있던 한 리더는 영적 은사에 대해 강한 열망을 품고 있다. 나는 그 형제를 돕기 위해 그가 자신이 맡고 있는 소그룹 구성원들의 영적 은사가 무엇인지 찾아내어 격려하는 사역을 할 수 있도록 자원과 정보를 제공했다.

다른 한 리더는 전도 활동에 특히 마음을 두고 있다. 그래서 그 형제를 위해서는 소그룹을 통해 전도하는 법을 가르치는 훈련이나 자료들을 주었다. 코치는 마땅히 리더가 모든 방면에서 성장할 수 있도록 도와야 하겠지만 또한 리더 각자가 품고 있는 열정을 개발시킬 수 있도록 특별한 정보나 훈련을 제공해야 한다. 데이비드 오웬은 이렇게 말했다. "훌륭한 코치는 소그룹 리더들 각자의 차이점을 잘 이해하고 그들의 특성에 맞춰 지도할 줄 안다. 우리는 사람을 대상으로 일하고 있는 것이다."

"위대한 지도자는 사람들을 훈련시켜서, 지식이나 능력 면에서 점차 자신보다 훨씬 뛰어나게 되는 시점까지 개발되도록 기꺼이 돕는다."_프레드 A. 맨스키 2세

비료를 주라

인간의 능력으로는 풀을 자라게 할 수 없다. 하지만 비료를 뿌리고 물을 주면 풀은 혼자서 자라난다. 이와 같이 코치도 리

더가 자랄 수 있는 환경을 조성해야 한다. 코치는 리더들이 마음속에 품은 꿈을 성취할 수 있도록 도우면서 계속 앞으로 전진하도록 뒤에서 밀어 줘야 한다. 《코치를 닮은 리더Leader as Coach》라는 책에서는 이렇게 말한다.

> 당신은 인간의 마음을 움직일 수 없다. 하지만 인간의 기본적인 욕구를 건드려 줄 수는 있다. 마치 정원사가 된 마음으로 지도하라. 정원사는 식물이 자라나도록 만드는 대신 식물이 자연스럽게 성장할 수 있도록 햇볕과 양분과 물을 적절하게 재공해 준다. 정원사의 역할이 성장에 도움이 되는 환경을 마련해 주는 것이라면 코치의 역할은 더욱 크다. 코치는 한 사람의 마음이 성장하여 열매가 풍성하게 열릴 수 있는 환경을 만들어 주어야 한다.

리더가 과도하게 코치를 의존하는 일이 없도록 주의를 기울여야 한다. 나는 참으로 힘겹게 그 교훈을 배웠다. 오랫동안 나는 문제의 답을 덥석 집어 주면서 리더들 스스로 생각하고 책임지고 행동하는 법을 알려 주지 못했다. 결과적으로 나는 리더들이 가진 창조적인 기운을 북돋워 주고 스스로 결정을 내릴 수 있도록 해 주기보다는 내가 답이라고 여기는 것을 보여 줌으로써 코치에게 의존할 수밖에 없도록 한 것이다.

운동 경기의 코치와 달리, 코치가 소그룹 리더를 지도하는 목적은 리더가 평생 동안 배울 수 있도록 돕는 것이다. 때로는 코치가 직접 답을 주어야만 할 때도 있지만 일단은 리더의 우물에서 물을 길어 내도록 힘써야 한다. 리더는 스스로 문제를 놓고 씨름해야 하고 자신의 지식을 총동원해서라도 문제와 먼저 맞서야 한다. 탁월한 코치라면 그 해결책이 바로 리더 자신의 입에서 나온 것임을 강조하고 계속 그 사실을 상기시켜 줄 것이다.

> 통찰

자연적 성장

"농사짓는 일에서 우리는 중요한 원리를 배울 수 있다. 이 세상에서 가장 좋은 가래와 괭이가 있다고 하더라도 좋은 곡식이 나오리라 보증할 수는 없다. 단지 곡식이 마음껏 자랄 수 있도록 돕는 역할밖에 할 수 없다. 성숙의 비결은 씨앗의 중심에 있으며, 씨앗이 열매를 맺으리라는 확신을 더하기 위해서 도구가 중요한 역할을 하는 것이다." _마조리 J. 톰슨

시간이 필요하다

거대한 떡갈나무는 평생에 걸쳐 성장한다. 하지만 다른 식물들은 쉽사리 성장해서 어느 날 바람처럼 사라져 버린다. 나는 오랜 시간을 함께하여 지도하는 것을 선호한다. 한 사람의 가치관이 변화되려면 시간이 걸릴 뿐 아니라 격려도 많이 필요하기 때문이다.

한번은 거의 일 년에 걸쳐 한 형제를 지도한 적이 있었는데 그 후 그 형제가 처한 상황을 통해 하나님은 내게 특별한 깨달음을 주셨다. 함께 식당에서 식사하는 동안, 그 형제는 두 명의 오토바이족에게 복음을 전한 경험을 이야기했다. 그전에도 그 형제에게 들었던 비슷한 경험담이 떠오르는 순간, 반짝하고 내 머릿속을 스치는 생각이 있었다. 형제에게 복음 전도의 은사가 있음을 강조하는 것이었다. 그동안 형제가 맡은 소그룹 모임이 정체 상태에 있었지만 그 돌파구를 여는 열쇠는 바로 전도의 은사였다.

내가 장기간 그 형제의 코치로 섬기지 않았더라면 그의 은사를 적절하게 분별할 수 없었을 것이다. 바르게 성장하기 위해

부모의 모습

"코치의 역할은 부모의 역할과도 비슷한 점이 있다. 자녀들이 성장할 수 있게 해 주고, 스스로 결정을 내릴 수 있게 하며 새로운 것을 시도하도록 할 뿐 아니라 어떤 부분에서는 실패도 맛볼 수 있게 하는 것이다. 코치란 리더를 위해 모든 일을 다 해 주는 사람이 아니라, 리더를 지도하고 격려하는 풍성한 자원이 되어 주는 사람이다." _풋힐 크리스천교회의 칼 두팃

서는 시간이 필요하다. 코치들이여, 시간을 두고 지켜보라.

같은 동작을 반복하여 숙달하라

고등학생 때 농구팀에서 활동했던 때를 뒤돌아보면, 우리 팀 코치였던 세이무르 선생님의 연습법은 '한 손 슛, 패스, 가로막기, 리바운드, 다시 한 손 슛, 패스……' 이런 식으로 반복하는 것이었다. 항상 똑같은 연습을 되풀이했지만 연습은 놀라운 결과를 낳았다. 이처럼 완전히 습득할 때까지 같은 동작을 몇 번이고 반복하는 과정이 꼭 필요하다.

뛰어난 코치는 연습을 해야 완벽하게 해낼 수 있다는 사실을 안다. 그래서 선수에게 똑같은 동작을 반복시키는 것을 부담스러워하지 않는다. 사실 뛰어난 코치들은 선수가 연습하고 연습하고 또 연습하도록 무자비하게 훈련시킨다.

> **전략**
>
> **같은 내용 반복하기**
>
> 스위스 취리히에서 300명이 출석하는 교회를 담임하는 베르너 크니즐 목사는 15년간 효과적인 소그룹 사역을 해왔다. 베르너 목사는 그 기간 내내 다양한 사람들을 대상으로 그들이 온전히 이해할 때까지 같은 것을 계속 반복했다. 핵심 리더들을 지도할 때도 소그룹 사역의 가치에 대해 계속 반복함으로써 그 내용이 리더들에게 제2의 천성이 되게 했다.

코치 티모시는 제레미에게 소그룹에서 이야기할 때는 항상 목소리를 더 크게 하라고 말해 주었다. "아직도 고민하고 있는 문제긴 하지만, 그 문제로 가슴에 답답할 때마다 한 번 또 한 번 계속 연습해야 했어요. 소그룹 모임을 주도하고 목소리도 크게 높여야 했죠. 여름에는 목소리 문제가 더 심각했습니다. 시끄러운 에어컨 소리 때문에 사람들은 제 말을 제대로 알아들을 수 없었죠. 제 목소리가 그렇게 작은 줄 미처 몰랐기 때문에 목소리를 바꾸는 것도 힘겨운 문제였습니다." 코치인 티모시는 계속 제레미의 목소리에 대해서 조언해 주었고 제레미도 연습을 통해 점점 목소리가 커졌다. 그 결과 모임을 인도하는 데 지장이 없을 정도로 좋아졌다.

🍴 시도

소그룹 리더가 갖춰야 할 습관

《성공하는 소그룹 리더의 8가지 습관》이라는 책에서 저자 데이브 얼리는 소그룹 리더의 효과적인 사역을 위한 주요 열쇠를 계속적인 반복이라고 단언했다. 코치는 소그룹 리더가 자신의 좋은 습관과 나쁜 습관을 정확하게 판단할 수 있게 도와주어야 하고, 그런 후에는 나쁜 습관을 고쳐 나갈 수 있도록 지도해 주어야 한다.

직접 경험해 보지 못한 지식은 빛 좋은 개살구에 불과하다. 책을 읽고 세미나에 참석한다고 해서 배운 내용이 현실로 드러나지 않는다. 여러 부분에서 지속적인 훈련이 필요하다.

- 꿈을 품으라 : 건강하게 성장하는 소그룹 인도하기
- 기도하라 : 날마다 소그룹 사람들을 위해 기도하기
- 초대하라 : 매주 새로운 사람들을 모임에 초청하기
- 연락하라 : 사람들에게 정기적으로 연락하기
- 준비하라 : 다음 번 소그룹 모임을 미리 계획하기
- 양육하라 : 새내기 리더를 돌보아 주기
- 교제를 나누라 : 계획된 그룹 활동으로 사람들과 친해지기
- 성장하라 : 자기 발전을 통해 리더로서의 모습을 갖추어 가기

직접 경험한 바로 볼 때, 충분한 훈련 없이 그저 조그만 지식만으로 사역에 뛰어들면 실패하기 마련이다. 배운 지식이 효과를 발휘하는 유일한 방법은 지속적인 반복뿐이다. 예수께서도 제자들에게 이 방법을 쓰셨다. 예수께서는 제자들을 가르치신 다음 이에 관련된 실질적인 예를 보여 주셨고, 제자들이 실패하더라도 다시 가르쳐 주셨다. 미래에 감당할 사역을 성공적으로 수행하도록 훈련시키신 것이다.

리더들 각자가 충분한 시간을 갖고 훈련하도록 기회를 주

라. 여유가 있어야 새로운 행동 양식과 사고방식이 제대로 틀을 잡을 수 있다. 분명 여러분의 리더는 소그룹 배가를 주제로 한 세미나에 참석했거나 여러분이 추천해 준 소그룹 관련 책자를 읽었을 것이다. 이제 리더가 맡은 소그룹이 시간적 여유를 가지고 차근차근 성장할 수 있도록 리더를 지도해야 한다. 그다음은 소그룹 배가의 단계를 계속 반복해서 시행하라.

시도

예수님의 훈련 방법

- 내가 할 테니 너는 지켜보라.
- 내가 할 테니 너는 옆에서 도우라.
- 네가 하면 내가 옆에서 도와주리라.
- 네가 하면 옆에서 지켜봐 주리라.

통찰

"인간의 위대한 끝은 그의 지식이 아니라 실천에 달려 있다." _토머스 헨리 헉슬리

안전지대를 벗어나라

배운 것을 실행에 옮기고 이론을 실제로 경험해 보아야 한다. 리더에게 배운 지식을 가지고 실천할 특별한 기회를 주라. 소그룹 배가에 대해서 배웠다면 자기 소그룹에서 한 번에 한 단계씩 실행해 보아야 한다.

여러분이 한 번 검토해 본 다음 리더가 직접 자신이 배운 전략을 시도해 보도록 격려해 주라. 직접 시도하고 그것이 실제로 이

루어지는 것을 보면서, 리더는 이 경험을 자기 것으로 습득할 것이다.

코치는 리더가 자신의 안전지대에서 벗어나 더 많은 것을 배울 수 있도록 계속 도전을 주어야 한다. 그래야 발전이 있다. 어느 정도의 수준에서 너무 오래 지체하도록 내버려 두면 리더는 더 이상 배우는 것도 없을 뿐더러 오히려 전보다 뒤떨어질 수도 있다. 더 이상의 발전은 없게 된다. 계속 목표를 높여 주고 지속적인 성장을 할 수 있도록 격려해 주라. 목표량도 적절히 증가시켜야 심한 스트레스를 주지 않고 성장할 수 있는 최대치에 이르게 할 수 있다.

실패 없이는 성장도 없다

수년 동안 아무런 결과도 없이 시행착오만 거듭하던 어느 날, 에디슨은 드디어 전구에 사용될

시도

목표를 높이 세우기

"원래 잘 아는 일이나 편안하게 해낼 수 있는 일만 한다면 높은 정상에는 결코 다다를 수 없을 것이다." _린다 짜오 양

수 있는 필라멘트를 만들어 냈고, 성공은 코앞에 다가왔다. 새로운 필라멘트를 만들고 전구를 시험해 보는 일은 많은 시간 동안 정신을 집중해야 하는 작업이었다. 그런데 중대한 실험을 몇

🔍 **통찰**

실수를 두려워하지 말라

"인생에 있어서 가장 큰 실수는 실수할까 봐 계속 두려워하는 것이다."
_엘버트 허바드

분 앞두고 한 청년이 이제 막 완성된 전구를 들고 가다가 계단에 걸려 넘어지는 바람에 전구는 그만 에디슨과 동료들이 보는 앞에서 산산조각이 나고 말았다. 순간 실험실 전체 분위기는 실망감으로 가득 찼다. 그다음 날이 되자 에디슨은 또다시 오랜 시간을 들여 전구를 만들었고 전날의 그 청년에게 다시금 전구를 실험 장소로 옮겨 달라고 부탁함으로써 그의 실수를 용납해 주었다. 이러한 모습은 발명 천재 에디슨의 중요한 장점이었다.

사람은 어찌할 바를 몰라 이리저리 방법을 찾아 헤매는 어려운 상황에서 가장 많은 것을 배우는 법이다. 리더들을 지도할 때 이러한 좋은 기회를 잘 활용하라. 리더와 함께 나눴던 대화의 내용이나 예전의 세미나 내용, 과거의 경험 등을 다시금 상기시키라.

때로는 리더가 실수를 저지르는 경우가 있을 것이다. 하지만 실패는 위대한 스승이다. 리더가 실패할 때, 하나님은 그 실패를 통해 일하신다. 리더가 하나님께 자신을 기꺼이 내어 드린 다면 말이다. 우리는 실패를 통해 배우는 즉시 깨달음을 얻는 다. 또 인생은 실패를 통해 배울 수 있는 기회가 가득하다. 안타 깝게도 어릴 적부터 우리는 실패가 나쁜 것이고 수치스러운 것 이라고 배워 왔다. 사람들은 자신의 실패를 숨기고 변명을 늘어 놓기도 하며 그저 무시해 버리기도 한다. 그런 행동은 자신이 실수한 부분을 살펴서 더 많은 것을 배울 수 있는 기회를 잃어버리는 것이다.

> **통찰**
> "실패를 경험하지 않는 사람은 성장하지 않는 사람이다." _테디 루스벨트

여러분의 리더에게 분명히 가르치라. 무엇인가에 실패한다는 것과 실패자가 된다는 것에는 큰 차이가 있다고 말이다. 모든 사람은 살아가면서 여러 가지 실패를 경험한다. 앞으로 전진하기 위해 실패하는 것이다.

여러분의 리더가 실패하게 되면 분명히 조언을 구하려고 할 것이다. 조언을 주기 전에 먼저 리더가 실패를 통해 배운 것이 무엇인지 잘 살펴보라. 리더가 부족한 것이나 필요를 느낄 때는 가장 깊이 배울 수 있는 시간이다. 리더 스스로 문제에 대

한 해결책을 찾을 수 있도록 자신에게 솔직한 질문을 던져 보게 하라. 그래서 자기 스스로 깨달음을 얻을 수 있도록 기운을 북돋워 주라.

2000년 전 예수께서 제자들과 함께 계셨을 당시에는 언제든지 예수께 다가가 즉시 궁금한 것을 질문할 수 있었다. 오늘날에는 전화를 통해 사람들과 곧바로 소통할 수 있다. 궁금한 것이나 답답한 일이 있을 때 언제든지 연락할 수 있다는 사실을 확인시켜 주라. 배울 수 있는 이 기회를 잘 활용하도록 하는 것이 코치의 역할이다.

정보 센터 역할을 하는 코치

코치는 소그룹 리더들이 자료를 얻을 수 있는 정보 센터가 되어 주어야 한다. 리더들이 책을 읽고 있는지, 워크숍에 참석하는지, 자신의 지도력 향상을 위해 새로운 방법을 연구하고 있는지 살펴야 한다. 일대일 면담 시간이나 전체 그룹 리더 모임 때 정보를 잘 제공해 주는 것도 코치의 의무다.

전체 그룹 리더 모임 때, 우리는 매번 다른 내용의 소그룹 관련 책자를 가지고 토의한다. 함께 책을 읽은 후, 활발히 대화를 나누면서 책의 내용을 연구한다. 그 시간에는 모든 사람이 토의에 참석하고, 모두가 자신의 의견을 나눈다. 다들 그날 배운 내용으로 각자의 상황에 적용한다. 책의 저자들마다 소그룹 모임과
리더의 역할에 대해 다른 시각을 가지고 있다. 리더들은 소그룹에 대해 다양한 각도에서 바라보면서 자기가 맡은 소그룹의 특성에 맞게 적절한 방법을 선택해야 한다. 어떤 소그룹도 똑같을 수는 없으며 또한 똑같은 방법으로 인도해서도 안 된다.

> 전략
>
> "코치는 리더 각자의 사역을 후원해 주기 위해 학습 진도, 훈련, 중보 기도 등 리더에게 필요한 자료를 제공해야 한다." _빌 도나휴

올바른 자료가 있으면 코치와 리더가 좋은 전략을 세우는 데 도움이 된다. 소그룹을 성공적으로 이끌기 위해 리더에게 좋은 자료를 제공하는 것은 코치의 몫이다. 좋은 자료나 정보를 얻으면 맡은 일을 잘 해낼 수 있다는 확신의 씨앗이 마음 가운데 심겨진다. 좋은 자료를 제공하는 정보 센터가 되라. 그러면 여러분의 돌봄 속에서 여러분 자신과 리더가 성장하게 된다.

온라인상에서 만나라

나는 리더들과 항상 온라인상으로 연락한다. 좋은 글이나

인용문, 격려의 쪽지를 언제나 이메일로 발송한다. 리더들과 온라인으로 만남을 가지면 신속하고, 빠르고, 효과적으로 정보를 제공할 수 있다. 급한 기도 제목이나 소그룹 사역에 관한 소식, 유용한 정보를 보내면 낙담 가운데 있는 리더들에게 큰 힘이 될 것이다. 이메일로 정보를 보내면 리더가 필요한 때에 언제든지 정보를 살펴볼 수 있기 때문에 아주 효과적이다. 메신저나 최신 휴대 전화를 사용하는 것도 좋은 방법이다. 하지만 요즘도 나는 전화 통화가 리더들과 아주 개인적이고 효과적인 만남을 가질 수 있는 방법이라 생각한다.

이미 아는 지식을 제대로 사용하라

리더들은 이미 알고 있는 지식이 있으면서도 제대로 활용하지 못해서 계속 실패를 거듭하는 경우가 있다. 지식을 얻은 후에 이를 잘 사용하는 리더가 있는가 하면 어디에 어떻게 사용해야 할지 몰라서 그냥 쌓아만 두는 리더들도 있다. 이처럼 성장에 제동이 걸린 이유는 기술이 부족해서가 아니라 이미 알고 있는 내용을 제대로 적용하지 못하기 때문이다. 무엇보다 배운 것을 사용하기로 마음먹지 않고서 지식이 좋은 효과를 낼 것이라고 기대할 수 없다. 《코치를 닮은 리더 *Leader as Coach*》에서는 이렇게 말한다.

자기에게 필요한 기술과 지식을 가지고 있어도 이를 활용할 자신감, 동기, 방법을 모르는 경우가 많다. 사람들이 단지 지식을 배우려 하는 것인지 아니면 실천하려는 것인지 초점을 정확히 맞추도록 하라. 좋은 결과를 얻기 위해서는 그 두 가지 가운데 어떤 것을 선택해야 하는지 가르치라.

리더가 배운 기술을 잘 활용할 수 있도록 돕는 것이 코치의 주요 역할이다. 리더에게 필요한 분야(예: 전도 방법, 경청법, 소그룹 인도법, 모임 시작법 등) 전체를 한꺼번에 적용시키려 하지 말고 그 리더가 어떤 상황에서 잘 성장하는지 살펴보라. 이를 상황 코칭이라고 부른다.

비니치오는 혼자서 직접 모임을 시작한 형제다. 비니치오와 아내 패트리샤는 예수님을 따르며 소그룹도 잘 인도하는 훌륭한 리더다. 비니치오는 코치가 크게 간섭을 하지 않고 자유롭게 놓아줄 때 오히려 좋은 성과를 내는 유형이었다. 나는 그가 성숙한 사람임을 알았기 때문에 많은 권한을 이임했다. 그리고 그는 계속해서 사역을 잘 감당해 나갔다. 혹 부부에게 너무 권위적으로 다가갔다거나 해야 할 일을 일일이 지정했더라면 사역은 완전히 실패했을 것이다.

> **통찰**
>
> ### 새로운 리더의 탄생
>
> 타고난 은사 : 10퍼센트
> 삶의 위기를 겪은 후 : 5퍼센트
> 다른 리더의 모범을 보고 : 85퍼센트

반면 또 다른 리더인 마이클은 자신이 다짐한 바를 끝까지 해내지 못하는 유형이다. 영적으로는 성숙하지만 삶에서 맡겨진 여러 일들을 제대로 처리하는 능력은 부족하다. 마이클과 같은 유형을 대할 때에는 직접적인 접근법이 최고라는 사실을 깨닫게 되었다. 그래서 그가 했으면 하는 일을 정확하게 표현하고 그대로 잘 따라가는지 가까이에서 감독해 주었다.

각 리더의 유형에 맞는 방법을 쓰는 것이 중요하다. 그러기 위해서는 먼저 각 사람들과 친숙하게 지내고 그들에게 무엇이 필요한지 잘 알아야 한다.

목표는 그리스도를 닮아 가기

예수께서는 제자들의 삶을 변화시켜 주셨는가? 그렇다. 완전한 변화였다. 제자들은 사회적으로나 지적, 영적으로 성장했다. 예수님을 통한 변화는 다른 사람들도 모두 알아볼 정도였다. 사도행전 4장 13절에 보면, "그들이 베드로와 요한이 담대하게 말함을 보고 그들을 본래 학문 없는 범인으로 알았다가 이상히 여기며 또 전에 예수와 함께 있던 줄도 알고"라고 했다.

코치로서 여러분의 목표는 리더가 예수 그리스도를 닮아가도록 도와주는 것이다.

"하나님이 미리 아신 자들을 또한 그 아들의 형상을 본받게 하기 위하여 미리 정하셨으니 이는 그로 많은 형제 중에서 맏아들이 되게 하려 하심이니라"(롬 8:29).

코치는 세례 요한처럼 모든 상황 속에서 그리스도가 점점 드러나시도록 힘쓰는 사람이다.

"그는 흥하여야 하겠고 나는 쇠하여야 하리라 하니라"(요 3:30).

6: 전략 세우기

리더와 함께 여러 가지 문제를 해결할 수 있는 전략을 세운다.

우리 가족이 가장 좋아하는 영화는 실화를 바탕으로 한 〈리멤버 타이탄〉(Remember the Titans)이다. 1971년, 미국의 알렉산드리아 시는 인종 갈등을 완화시키기 위해 백인 학교와 흑인 학교를 통합시켰는데, 그 과정에서 이 지역의 자랑이었던 미식축구팀도 백인 선수와 흑인 선수가 뒤섞이게 되었다. 그리고 '분'이라는 흑인이 팀의 감독으로 임명되었다. 분 감독은 미식축구팀이 해결해야 할 가장 시급한 문제가 백인과 흑인의 화합이라는 것을 발견했다. 그리고 여러 가지 전략을 세워서 실행한 결과 원하던 성과를 이루어 냈다.

분 감독이 목표를 이루기 위해 전략을 세웠듯이 소그룹 리더 역시 자신에게 주신 하나님의 비전을 성취하기 위해 소그룹을 잘 인도할 수 있는 전략을 세워야 한다. 그리고 그 일을 돕는 것이 바로 소그룹 코치의 임무이다.

사역의 방향을 잡기 전에 리더는 먼저 소그룹의 미래가 어떠한 모습일지 머릿속에 명확히 그려 보아야 한다. 단, 조건이 있다. 현재 상황보다 더 나은 모습을 그려야 한다는 것이다.

제자 삼기는 소그룹의 공통 비전

한 리더가 하나님께로부터 지역의 고등학교 안에 소그룹 모임을 세우라는 비전을 받고 몹시 흥분해 있었다. 또한 이 비전은 그가 담당하는 소그룹 배가의 기회이기도 했다. 그 리더는 비전을 실현할 수 있도록 구체적인 계획을 세웠으며, 이것이 알려지자 많은 사람들이 그를 돕기 위해 모여들었다.

코치들이여, 리더들에게 자기 소그룹에 대한 비전을 찾으라고 격려하라. 하나님께서 원하시는 방향이 무엇인지 직접 물어보게 하라. 또한 구성원들이 영적으로 성장하고 잠재력 많은 새로운 리더들이 일어나며 소그룹이 번창하고 배가하는 모습을 그려 볼 수 있도록 도와주라. 에릭 존슨은 비전의 중요성에 대해 이렇게 말했다.

전략을 세우는 첫 번째 요소는 비전이다. 비전이야말로 우리의 전략이 역동적으로 움직이게 하는 요소다. 소그룹의 상당수가 사라지거나, 그저 친목 모임으로 전락해 버리는 것은 명확한 비전이 없기 때문이다. 리더들과 함께 소그룹을 향한 하나님의 비전이 무엇인지 깨닫게 해 달라고 기도하라. 지금 하는 일은 하나님이 우리를 통해 친히 하시는 사역임을 기억하라.

비전을 세우는 데 리더를 동참시키면, 비전을 자기 것으로 삼게 되고, 또한 코치의 모범을 보면서, 훗날 자신이 코치로 섬길 때에도 리더들과 함께 비전을 놓고 기도하게 된다.

그렇다면 소그룹을 위한 전략적 비전이란 무엇인가? 예수님은 다음과 같이 말씀하신다.

"예수께서 나아와 말씀하여 이르시되 하늘과 땅의 모든 권세를 내게 주셨으니 그러므로 너희는 가서 모든 민족을 제자로 삼아 아버지와 아들과 성령의 이름으로 세례를 베풀고 내가 너희에게 분부한 모든 것을 가르쳐 지키게 하라 볼지어다 내가 세상 끝날까지 너희와 항상 함께 있으리라 하시니라"(마 28:18-20).

그 답은 바로 제자를 삼는 일이다. 소그룹 사역을 통해 '가서 제자 삼으라'는 그리스도의 명령을 직접 실천할 수 있다. 원래 속했던 모임을 떠나 새로 자신의 소그룹을 시작하는 새내기 리더들에게 반드시 강조해야 할 말씀이

전략

주요 전략 : 지도력 개발

"소그룹 내부의 사람들을 리더로 양육시키고 세우는 것이 진정한 소그룹 성장이다. 리더가 최우선적으로 해야 할 일은 장래가 촉망되는 새내기 리더를 세워서 양육을 시작하는 것이다."

바로 마태복음 28장 18~20절이다.

구성원 각자를 리더로 키우라

1992년에 내가 쓴 소그룹 안내서를 읽어 보니 "소그룹 모임은 전도와 제자 훈련에 집중해야 한다."라고 나와 있다. 그리고 이어서 "우리 소그룹 시스템의 주요한 목표는 구성원 모두가 깊이 있는 교제를 나누는 것이다."라는 내용도 있다. 다른 많은 사람들처럼 나도 소그룹 사역의 주요 전략은 우리 모임이 보다 좋아지는 것이라고 믿었다. 코치가 중점을 두어야 할 사항은 더욱 풍성한 교제를 나누도록 하고 모든 문제를 최소화하는 것이라 생각했다.

물론 지금도 소그룹 안의 교제나 다른 여러 사항들이 중요하다고 믿지만, 그것은 2차적인 목표일 뿐이다. 이것만으로 전체

> **전략**
>
> **소그룹 배가 과정에서 주의할 점**
>
> 장차 소그룹 사역을 하게 될 리더들의 사명은 자기가 속한 사회와 친구들에게 복음을 전하는 것이다. 하지만 전도하는 대신 주일 예배에 참석한 사람들을 데리고 와서 소그룹을 채우는 것도 가능하다. 이를 예방하기 위해 리더들에게 사역의 중추적인 역할을 할 만한 사람들을 주일 예배 때 불러 모은 다음(7명 정도), 몸 안에서 '전도 활동을 감당하는 근육'의 역할을 지속하도록 이들을 동원하라고 말해 주라.

전략을 수립해서는 안 된다. 세계적으로 성장한 소그룹 중심 교회에 관한 박사 논문을 준비하면서 새롭게 발견한 사실이 있는데, 그들 소그룹은 아주 건강했고 전도 활동으로 모임을 배가시키고 있다는 점이었다. 이처럼 소그룹은 배가하는 것을 목표로 삼아야 한다. 소그룹 안에서의 복음 증거, 구성원 간의 원활한 소통, 리더 훈련 등은 2차적인 목표일 뿐이다. 세계적인 교회들을 조사하면서, 나는 소그룹 자체가 답이 아님을 알 수 있었다. 구성원들이 리더로 성장하지 않으면 소그룹은 정체하거나 소멸하고 만다.

대다수의 사람들은 소그룹 사역의 주요 목표가 소그룹의 배가라는 말을 들으면 결국 교회 성장이 궁극적인 목적이라는 생각을 하게 된다. 하지만 실제는 그렇지 않다. 가장 중요한 것은 바로 소그룹의 건강이다. 건강한 소그룹은 자연스럽게 배가하기 때

배가 = 건강

크리스티안 슈바르츠는 성장하는 교회의 8가지 특성을 발표했다(32개국 1,000개 교회의 420만 개 분량의 정보 참조). 슈바르츠는 연구 결과를 통해 이렇게 주장했다. "교회의 성장에 대한 중요한 원칙이 많지만 굳이 한 가지만 골라야 한다면 나는 주저 없이 소그룹의 배가라고 하겠다. 우리는 조사 대상자 전원에게 자신이 맡은 소그룹에 대한 구체적인 계획이 있는지 물었다. 사실상 소그룹의 배가는 교회의 성장이나 심지어 교회의 건강 수준을 가늠하는 데 가장 중요한 지표로 밝혀졌다.

문이다.

세세한 부분까지 신경 쓰라

소그룹의 가장 중요한 비전이 배가라고 한다면 코치는 많은 시간을 들여서 새로운 리더를 발굴하고, 전도와 제자 훈련에 힘쓰며, 소그룹들이 건강하게 유지되도록 세세한 부분까지 신경 써야 한다. 리더 역시 세세한 일들까지 올바로 감당해야 한다. 리더가 세부적인 일 하나하나를 다 감당할 수 있도록 도와주는 것이 코치의 역할이다.

가장 중요한 일 중 하나는 예비 리더를 발굴하는 것이다. 하나님에 대한 갈망과 소그룹 활동에 성실하게 참여하는 사람 가운데서 리더 후보를 찾아낼 수 있도록 코치와 리더가 함께 힘써야 한다. 그런 후 코치는 리더가 그 사람을 찾아가 리더로 양육할 수 있도록 도와주어야 한다.

｜시도

LIDS

- Look : 새롭게 떠오르는 리더를 찾아내라.
- Invite : 리더 후보자를 초대해서 리더의 임무에 대해 나누라.
- Disciple : 후보자가 현 리더의 자리를 대신할 수 있을 때까지 훈련시키라.
- Send : 직접 사역할 수 있는 곳으로 보내라.

또한 코치가 리더들에게 반드시 강조해야 할 중요한 사항이 있다. 리더들은 소그룹 활동법을 개발하고 현재 참석 중인 사람들을 훈련시키며 소그룹 배가를 위해 새로운 사람들에게 복음을 전하는 등 모든 일을 소홀히 해서는 안 된다는 것이다. 다른 사항들은 무시한 채 오직 한 가지에만 집중하게 되면 소그룹의 성장은 지체되거나 아예 멈추고 만다.

> **전략**
>
> ## 새로운 리더들을 발굴하는 법
>
> - 첫날부터 비전을 심어 주라.
> - 정기적으로 그 비전을 상기시키고 다시 설명하라.
> - 리더로 세울 사람들과 그 시기를 위해 기도하라.
> - 책임지고 맡아야 할 일을 위임하라.
> - 여러 가지 사항들의 균형을 맞추면 배가는 자연적으로 따라온다.
> - 부정적인 말은 삼가라(예 : 모임이 분열된다, 분리된다, 깨진다).

리더가 모든 관심을 소그룹 활동법(성경 공부, 경청 기술 습득 등)이나 지도력 개발에만 둔다면 어려움을 겪게 될 것이다. 또한 리더가 제자 훈련에만 신경을 쓴다면 소그룹의 에너지는 내부로만 쏠리면서 성장이 정체될 것이다.

또 리더가 전도만 중요하게 생각한다면 많은 사람들이 실족하여 모임 밖으로 빠져나갈 것이다. 소그룹이 배가하려면 다양한 부분들까지 신경을 써야 하며 그에 맞게 행동해야 한다.

소그룹이 배가하려면, 리더는 날마다 구성원들을 위해 기도하고 하나님 앞에서 영적인 준비를 갖춰야 하며, 정기적으로 사람들을 방문하고 새로운 사람들을 모임으로 초청하기 위해 수없이 전화를 걸어야 한다. 또한 성경 공부 교재를 준비하고 여러 가지 준비 사항을 확인해야 하며 그리고 무엇보다도 새로운 소그룹을 인도할 새로운 리더를 훈련시켜야 한다. 이것은 마치 종합 선물 세트와도 같다.

이처럼 탁월한 소그룹 리더가 되려면 새로운 리더에게 최대한 많은 일을 위임한 후 그가 맡았던 여러 가지 세부 사항들이 제대로 되어 가는지 확인해 주어야 한다.

📖 사전

소그룹을 배가하려면 시간이 얼마나 걸릴까

- 보통 1년이 걸린다. 그러나 나라별로 사람들의 수용성 정도에 따라 다르다.
- 라틴 아메리카 지역의 경우 평균 9일이 소요되며, 도시의 경우 6개월이 소요되기도 한다.
- 유럽에서는 좀 더 긴 시간이 소요되며 심지어 2년이 소요되는 경우도 있다.

배가 목표 시기를 정하라

코치와 리더는 소그룹을 배가시키는 구체적인 날짜를 정해 두어야 한다. 엄마 소그룹과 자녀 소그룹이 모두 건강하게 세워질 수 있도록 기간을 넉넉하게 잡아야 하지만 급박한 사항이라는 사실을 잊어버릴 만큼 너무 멀찍이 잡아서는 안 된다. 리더는 구성원들과 함께 소그룹 배가를 위한 목표를 함께 논의해야 한다. 소그룹의 배가는 모든 이들에게 해당하는 문제고 더군다나 그들 가운데 한두 명 정도는 직접 새로운 모임을 이끌어야 하기 때문이다. 따라서 공개적으로 함께 논의하는 것이 중요하다. 소그룹의 배가는 구성원들로부터 시작됨을 꼭 기억하라.

> **전략**
>
> **새로운 소그룹의 출산을 위한 코치의 역할**
>
> - 비전을 심어 주라.
> - 리더와 예비 리더가 확신을 갖게 해 주라.
> - 출산 과정에 참여하라(새로운 모임이 시작되기까지 인도하며 모임에 함께하라).
> - 후속 조치(출산 과정 내내 리더에게 지속적으로 연락하라).
> - 관리(정보를 제공하고 리더들을 훈련하라).

박사 학위 논문을 위해 700명의 소그룹 리더를 대상으로 설문 조사를 해 보았다. 질문의 내용은 "당신이 맡은 소그룹이 언제쯤 배가할지 그 시기를 예상할 수 있는가?"였다. 여기에 답할 수 있는 대답은 "예, 아니오, 잘 모르겠습니다." 이렇게 세 가지였다. 자신의 소그룹이 언제 배가할지 시기를 아는 사람은 자신의 목표를 아는 리더다. 그들은 자신의 목표를 제대로 알지 못하는 사람들에 비해 지속적으로 배가를 거듭하는 경우가 많다. 목표를 세우지 않은 리더라고 해도 최소 한 번 정도는 소그룹이 배가되는 경험을 한다. 하지만 목표를 분명하게 세워 두는 리더는 여러 차례 배가의 기회를 얻게 된다.

날짜를 정해 두면 소그룹의 다양한 활동이 더욱 체계적으로 진행된다. 하지만 구체적인 날짜가 없으면 배가를 위한 준비가 척척 진행되기 어렵다. 아이를 가진 엄마는 아이를 낳을 시기를 대략 안다. 그리고 사는 집이나 생활 태도, 미래 계획까지 모두 아이를 중심으로 준비한다. 아이의 출산 날짜가 엄마의 시간 계획표와 활동 전체를 주관하는 것이다.

배가 과정을 지도하라

바람직한 코치는 리더에게 새로운 모임의 탄생을 조심스럽게 상기시켜 준다. "다음번 모임 준비는 잘 되고 있나요?", "소그룹이 배가해야 되는 목적이 무엇인지 사람들한테 이야기해 주었나요?" 만약 소그룹 모임이 정체되는 상황을 지적해 줘야 한다면 리더에게 배가의 중요성에 대해 부드럽게 격려하라. 그런 후 새로운 리더감을 찾을 수 있도록 도와주라. 소그룹 리더들이 올바른 리더감을 찾는 방법을 잘 모르는 경우가 있다. 단지 사람의 재능과 은사나 성격을 보고 찾으려고 할 때도 있다. 심지어 겉으로 드러나는 말솜씨나 잘생긴 외모에 집중하는 사람도 있다. 따라서 경험이 풍부한 코치인 여러분이 영적인 가치를 올바로 분별할 수 있도록 도와주라. 그것이 여러분이 코치로 섬기는 이유다. 리더들이 하나님의 사역은 자신의 생각보다 훨씬 더 위대하다는 사실을 깨닫도록 해 주라.

미국 뉴라이프교회에서 소그룹 담당 목사로 섬기는 제이 파이어보우 목사는 수십 개의 그룹을 지도하며 소그룹 배가의 과정을 경험했다. 그리고 그 과정에서 겪었던 성공과 실패의 경험을 담아 '소그룹 라마즈 분만법'을 개발했다.(다음 쪽 참고)

리더가 무사히 출산하도록 돕는 것은 코치의 아주 중요한 역할이다. 여러분이 직접 경험한 것으로 가르쳐 줄 수 있다. 탁월한 코치는 항상 리더 옆에 든든히 서서 출산이 성공적으로 이루어질 거라고 격려한다. 새로 태어난 소그룹이 분명 잘 성장할 것이고 그 과정에서도 모체인 소그룹도 없어지지 않으리라는

시도

소그룹 라마즈 분만법

▶ 분만 전(1, 2, 3주 차)
- 그룹 안에 있는 사람 중에서 예비 리더와 책임자를 물색한다.
- 새로운 소그룹 출생과 그 중요성에 대해 설명한다.
- 소그룹 리더와 예비 리더 각자의 사역을 위해 소그룹을 나눈다. 소그룹 리더와 예비 리더가 각자 다른 모임으로 찾아가도록 한다.
- 한 주일 동안 사람들을 돌보라. 소그룹이 나누어졌으면 리더와 예비 리더는 각자 자신에게 맡겨진 소그룹 사람들을 대상으로 섬기는 것이 매우 중요하다. 전화나 친목 모임 등을 갖는다.

▶ 출산(4주 차)
- 소그룹은 나누어졌지만 같은 장소에서 모임을 갖는다.

▶ 분만 후
- 5, 6, 7주 차 : 각자 다른 장소에서 모임을 갖는다.
- 8주 차(출생 1달 후) : 함께 연합 모임을 갖는다. 공식적인 모임은 아니고 함께 교제하고 즐기는 시간이다.
- 9, 10, 11주 차 : 각자 다른 장소에서 모임을 갖는다.
- 12주 차(출생 2달 후) : 함께 연합 모임을 갖는다. 일반적으로 이때쯤이면 함께하는 시간을 즐긴다. 단, 자신들이 변환기를 무사히 지났다는 것과 자신이 새로운 소그룹에 온전히 속해 있는지 확인하라.

확신을 주어야 한다.

한 번 정도는 어떻게 새로운 소그룹을 출산할 것인지 구체적인 방법에 중점을 두고 모임을 해야 한다. 예비 리더가 잘 준비된 것 같다 하더라도 다양한 배가 방법을 살펴보아야 한다.

- **엄마 - 자녀식 배가법** : 소그룹의 반을 예비 리더에게 맡기든지 아니면 원래의 소그룹은 예비 리더에게 맡기고 현재의 리더가 새로운 소그룹을 맡는다.
- **모내기식 배가법** : 두 사람을 파송하여 새로운 소그룹을 개척하도록 한다.
- **변형된 모내기식 배가법** : 현재의 리더가 한두 사람과 함께 파송된다.
- **단독 배가법** : 새로운 소그룹을 시작하도록 도와줄 사람을 찾기 위해 예비 리더가 본래의 소그룹을 떠난다.
- **협동 배가법** : 새로운 소그룹이 본래의 소그룹을 떠날 준비를 하는 동안 같은 집에서 모이되 다른 방에서 모임을 한다.

새로운 소그룹이 탄생되는 전체 과정에서 코치는 가장 중심에 서서 일을 수행해야 한다. 소그룹이 배가되는 과정 동안 코치는 출산 날짜를 잊지 않고 리더와 함께 잘 준비해야 한다.

또한 가장 적합한 배가법을 찾도록 함께 기도하고 목표가 달성될 수 있도록 리더와 함께 뛰어야 한다. 코치가 소그룹의 성장과 배가에 대해 확신을 갖고 실질적인 지식이 있으면 소그룹을 배가시키는 과정에서 리더를 훌륭하게 도울 수 있다.

전략

배가 과정에서 흔히 일어나는 실수

- 새로운 소그룹에 속할 사람을 임의로 지정한다.
- 예비 리더가 준비되기도 전에 배가시킨다.
- 친숙한 관계를 단절시킨다.

배가 과정에 대한 경험이 있다면 여러분이 지도하는 리더와 좀 더 긴밀히 협력할 수 있게 된다. 여러분은 그저 멀찌감치 떨어져 앉아서 손 하나 까딱하지 않는 전문가가 아니다. 직접 무릎을 굽히고 앉아 리더의 신발끈을 묶어 줄 수 있는 사람이다.

모든 사람이 참여해야 한다

리더가 모든 일을 혼자서 다 처리해야 한다는 자기 함정에 빠지지 않도록 지도하라. 소그룹 리더의 역할은 일이 잘 진행되도록 조정하는 것이지 소처럼 죽기살기로 일하는 것이 아니다. 구성원 전체가 함께 소그룹의 사역을 감당할 수 있도록 적절히 일을 나눌 수 있어야 한다.

혹, 다른 구성원들과 사역을 나누는 것을 거부하는 리더가 있다면 그물로 고기를 낚는 것과 낚싯대로 낚는 것이 얼마나 큰 차이가 있는지 다시금 말해 주라. 그물 낚시를 통해 훨씬 많은 물고기를 낚을 수 있으며, 모든 사람이 참여할 수 있는 방법이다. 리더 혼자서 감당하기에는 일이 너무 많다.

소그룹 배가 과정에서는 무엇보다 격려가 필요하다. 코치가 리더에게 격려해 주어야 할 내용은 다음과 같다.

- 매주 모임 때, 한 달에 한 번 정도는 다른 사람들에게 책임을 맡기고 그들이 잘 감당하는지 관찰한다. 소그룹 구성원에게 휴식 시간이나 기도, 예배, 사역 시간을 맡아서 해 볼 것을 부탁한다.
- 소그룹 안에 양 – 목자 관계를 만들어 서로 보살피도록 한다.
- 매주 예비 리더들을 만나 그다음 단계에서는 어떤 활동을 할 것인지 함께 논의한다. 이런 식으로 예비 리더들이 소그룹을 인도하는 실제적 경험을 해 보도록 한다. 이로써 리더들의 사역 부담은 줄어들고 새내기 리더들에게 미래의 비전을 줄 수 있게 된다.

다른 사람들도 함께 사역하도록 기회를 줄 때, 소그룹은 사역과 성장을 체험하는 활기찬 모임이 될 것이다. 또한 리더 혼

🎯 시도

소그룹 배가의 4가지 비결

짐 에글리는 건강한 소그룹을 만들고 새로운 그룹이 태어날 수 있는 4가지 비결로 기도, 공동체, 관계를 통한 전도, 제자 훈련을 들었다. 짐 목사는 '위로, 안으로, 밖으로, 미래로'라는 제목의 워크숍을 개발했는데 이를 통해 소그룹 전체가 함께 모여 4가지 비결 각각의 가치 정도를 측정할 수 있다. 그런 다음, 각 그룹별로 이 비결의 가치를 개발할 수 있는 계획을 함께 구상해 볼 수 있다. 구성원들은 자신의 생각을 나누며 전략 수립에 공헌할 수 있고, 소그룹에 대한 주인 의식까지 느낄 수 있게 된다. 소그룹이 전략을 수립할 때 이런 방법을 사용하면 구성원들은 소그룹의 비전에 기여할 수 있고 장차 리더로 섬길 수도 있다.

자 모든 짐을 어깨에 짊어지고 고통받는 일이 없게 될 것이다.

새로운 리더를 세우라

바울은 생애의 마지막 순간에 제자였던 디모데를 향해 간곡한 권고의 말을 남겼다. "또 네가 많은 증인 앞에서 내게 들은 바를 충성된 사람들에게 부탁하라 그들이 또 다른 사람들을 가르칠 수 있으리라"(딤후 2:2). 여기서 '충성된 사람들'이라는 말에 주목하라. 철장 안에 갇혀 있는 상황이라 하더라도 다음 세대의 리더에게 배턴을 넘겨주는 일을 중단해서는 안 된다. 계속해서 새로운 지도자를 세워 나가야 한다.

따라서 소그룹 리더의 주된 임무는 자신은 물러나더라도 구성원이 장차 소그룹을 인도할 수 있도록 훈련하는 일이다. 사실상 리더는 자신의 자리를 잃는 것이 아니라 권위와 새로운 지도력을 얻고 소그룹의 배가를 맛보게 된다. 그리고 차츰 코치의 위치로 가게 되는 것이다. 이처럼 코치는 가장 적합한 전략을 세워 나가면서 리더들이 자신의 소그룹을 계속해서 배가할 수 있도록 도와주어야 한다.

7: 도전 주기

리더가 꿈을 이루고 더욱 성장할 수 있도록 도전을 준다.

한번은 아주 말하기 곤란한 부분에 대해서 어느 리더와 이야기를 나누기로 작정한 적이 있다. 그 리더와 친숙해지기 전까지는 전혀 알 수 없던 문제였다. 만약 우리가 서로 친숙한 관계가 아니었다면 전혀 눈치채지 못했겠지만 그 문제는 그 친구 주변의 다른 리더들에게까지 영향을 미쳤고, 그 친구 스스로도 그 문제 때문에 제대로 리더십을 발휘하지 못했다. 솔직히 나는 그런 문제를 굳이 끄집어내고 싶지 않았다. '혹 그가 화를 내지 않을까? 더 이상 나와 말도 안 하려고 하지는 않을까?' 하는 염려 때문이었다.

하지만 하나님께서는 내가 꼭 그 리더와 만나서 그 문제를 이야기해야 한다는 마음을 주셨다. 그리고 내가 그를 만나 사랑 안에서 진리를 이야기했을 때, 그 리더는 나의 권고를 받아들였고 앞으로는 이전과 다르게 행동하기로 약속했으며 나에게 감사하다는 말까지 했다.

　리더가 잘못된 길로 가거나 어디로 갈지를 몰라 헤매는 모습을 그저 지켜만 본다면 그는 좋은 코치가 아니다. 리더에게 진리를 말하라. 사실 그대로 말하라. 바울은 에베소서 4장 15절에서 이렇게 말했다. "오직 사랑 안에서 참된 것을 하여 범사에 그에게까지 자랄지라 그는 머리니 곧 그리스도라." 코치가 사랑하는 마음으로 주저 없이 참된 것을 말할 때에 리더는 더욱 성장할 것이다.

사랑 안에서 진리를 말하라

사람들은 배려와 책망을 서로 다른 것으로 생각한다. 배려는 좋은 것이고 책망은 나쁜 것이라고 말이다. 하지만 데이비드 옥스버거는 그 두 가지가 완전히 다른 것이 아니라고 말한다. 옥스버거는 배려와 책망을 한데 묶어서 '애정 어린 책망' 이라는 말을 만들었다. 그의 책에 보면 이런 내용이 나온다. "애정 어린 책망이란 또 다른 성장을 촉진하는 진정한 배려다. 애정 어린 책망은 새로운 깨달음과 통찰을 얻도록 올바로 지적할 수 있게 해 준다. 애정 어린 책망은 사랑과 힘을 하나로 묶고, 또한 목표에 도달하는 것과 관계의 문제를 하나로 만들어 준다. 즉, 목표

사전

갈등 상황에 대처하는 다양한 유형

- 운명형 : "저 사람하고는 굳이 상대하고 싶지 않아." 대응법 – '복수하리라.'
- 탈진형 : "상처받을지 몰라. 무조건 피해야 해." 대응법 – '도망가야지.'
- 흑백 논리형 : "네가 잘못했다는 걸 꼭 밝히고 말거야." 대응법 – '일단은 물러서자.'
- 각기 남남형 : "내 영역만큼만 노력할거야." 대응법 – '적절히 타협하자.'
- 정상형 : "서로 의견이 다르긴 하지만 충분히 해결할 수 있어." 대응법 – '직접 이야기를 시도하리라.'

를 지향하는 쪽이나 관계를 지향하는 쪽 모두 어느 한쪽을 희생할 필요가 없다."

성경은 예수께서 은혜와 진리로 충만하셨다고 말한다. 요한복음 1장 14절을 보면, "말씀이 육신이 되어 우리 가운데 거하시매 우리가 그의 영광을 보니 아버지의 독생자의 영광이요 은혜와 진리가 충만하더라."고 나와 있다. 코치는 리더가 말하는 모든 것에 대해 고개를 끄덕이며 찬성한다는 뜻을 표시해 줘야 한다고 생각될 때가 있다. 하지만 코치의 역할은 단순히 마음을 다해 들어 주며 맞장구쳐 주는 일 이상이다.

> **통찰**
>
> "적당한 말로 대답함은 입맞춤과 같으니라"(잠 24:26).

대체적으로 사람들은 진리보다는 은혜를 강조하는 경향이 있다. 남들에게 사랑받고 싶고 다른 이들에게 좋은 인상을 주고 싶은 것이다. 하지만 우리가 본받아야 할 예수님은 은혜와 진리 모두 충만하신 분이었다. 현명한 코치는 은혜(들어 주고, 격려하고, 보살펴 줌)와 진리(전략을 세우고, 도전을 줌)의 균형을 이루는 법을 안다.

운동선수를 훈련시킬 때 아무런 말도 해 주지 않는 코치가 있을까? 현명한 코치는 선수의 실력을 향상시키기 위해 약점을 지적한다. 선수 역시 코치가 그런 역할을 해 주기 바란다.

통찰

소극적인 대화

정신과 의사가 환자를 진료하고 있다.

환자: "마음이 너무 답답합니다."
의사: "예, 답답하시다고요."
환자: "그리고 너무 고통스러워요."
의사: "아, 고통스러우시다고요."
환자: "그래요. 이대로 모든 걸 다 끝내 버릴까 하고도 생각했습니다."
의사: "그렇군요. 다 끝내 버리시겠다고요."
환자: "지금 당장 실천할까봐요."
의사: "네, 좋습니다. 실천하시죠."
환자는 벌떡 일어나 창문 밖으로 뛰어내렸다. 그리고 의사도 뒤따라 뛰어내렸다.

많은 사람들이 다른 사람과의 갈등을 피하려고 한다. 하지만 아무리 완벽하게 행동한다 하더라도 갈등이나 의견 대립을 피할 수는 없다. 중국 속담에 이런 말이 있다. "높은 온도와 강한 압력이 없으면 빛나는 다이아몬드가 될 수 없듯이 고난이 없으면 완전한 인간이 될 수 없다."

리더로 섬기는 한 형제는 항상 번뜩이는 아이디어(비디오 성경 공부, 공동 작업 등)가 넘쳤다. 하지만 떠오르는 생각만큼 실천에 옮기는 기술은 부족했다. 먼젓번에 시작한 일을 제대로 끝마치기도

전에 새로운 일에 열심히 매달렸다. 나는 그 형제에게 무엇이 문제인지 알려 주어야 한다는 생각이 들었다. 물론 형제의 마음을 상하게 할 위험도 있었다. 하지만 나는 그를 진정으로 사랑했기 때문에 잘못된 행동을 지적해 주어야 했다.

진실을 이야기해야만 하는 상황인데도 뒤로 물러나서 '좋은' 이미지만 유지하려드는 것은 리더에게 전혀 도움이 되지 않는 행동이다. 코치가 리더를 찾아가 문제를 제기하면 오히려 리더는 고마워할 것이다. 히브리서 3장 13절에서도 이 문제를 언급하고 있다. "오직 오늘이라 일컫는 동안에 매일 피차 권면하여 너희 중에 누구든지 죄의 유혹으로 완고하게 되지 않도록 하라."

 통찰

"심각한 문제로 누군가를 만나야 할 상황이 생기면 나는 샌드위치를 만드는 식으로 만남을 준비한다. 빵 조각 사이에 들어가는 고기처럼 중간에 책망을 넣고, 그 양쪽으론 확신과 격려를 곱게 붙인다." _존 맥스웰

적절히 화제를 돌리라

리더가 두서없이 이야기를 질질 끌어가는 경우, 적절히 화제를 돌리는 기술이 필요하다. 또한 성령께서 대화를 다른 방향으로 이끄시기 원한다고 생각될 때 그저 상냥한 웃음을 띠며 끝

🔒 전략

면담할 때 주의할 10가지 사항

- 최대한 빨리 그 사람을 만나라.
- 잘못된 행동이라 해도 그 사람의 인격과 연관시키지 마라.
- 그가 스스로 바꿀 수 있는 부분만 지적하라.
- 자신의 동기가 옳은 것이었는지 스스로 생각할 기회를 주라.
- 구체적으로 언급하라.
- 비꼬는 말은 피하라.
- '항상', '절대' 라는 말은 피하라.
- 그 사람의 잘못된 행동을 보고 당신의 마음이 어떠했는지 나누라.
- 문제를 해결할 수 있는 방법을 제시하라.
- 그를 친구이자 인격체로 인정하고 격려하라.

까지 들어 주기보다는 잠시 이야기를 막고 주제를 바꾸는 것이 낫다. 특히 리더가 말을 질질 끌기 시작할 때 코치가 제대로 화제를 돌려 주지 않으면 리더는 코치와의 면담 시간을 그저 이야기보따리를 풀어 놓는 시간으로 생각하게 된다. 가장 중요한 것은 성령께서 코치의 마음에 신호를 주시는 그때, 제대로 화제를 돌리는 것이다.

나는 리더와 대화를 나눌 때, 리더의 이야기와 하나님께서 주시는 마음에 귀를 기울이면서 3단계 수준(제2장 참고)으로 들어 주려고 노력한다. 때로는 성령께서 이끄시는 대로 순종하기 위해 화제를 돌려서 갑자기 다른 질문을 던지기도 한다. "모임 때 혼자서 너무 말을 많이 하는 톰 형제는 요즘도 그러나요?" 또는 "개인적인 경건 시간을 지키려고 애쓰고 있나요?" 등이다.

하나님의 음성을 듣고 순간 포착을 잘하라

리더와 면담을 하는 동안 하나님께서 특별한 것을 떠올리게 해 주실 수도 있다. 세상에서는 이를 직관력이라고 부르지만 믿는 사람들은 이것이 하나님의 세밀한 음성임을 안다.

면담 중간에 코치가 리더에게 난데없는 질문을 던질 수도 있다. "형제님에게 무슨 힘든 일이 있는 것 같은 느낌이 드는데, 어떻습니까?" 리더가 정말 어려움을 겪고 있다면 솔직히 털어놓을 것이다. 그렇지 않다 하더라도 문제될 것은 없다. 코치는 순간순간 성령의 인도에 따라 순종해야 하는 것이다.

> **통찰**
>
> **이해해 주세요**
>
> "리더가 이야기 중이더라도 핵심적인 질문을 던지기 위해 코치가 중간에 끼어들 수 있다. 물론 그런 행동이 무례하게 보일 수도 있지만, 효과적으로 대화를 이끌 수 있는 방법이기도 하다. 이것은 문제의 핵심을 제대로 건드리기 위한 행동이다.

많은 사람들이 하나님의 음성을 들었을 때 일단 뒤로 물러난 후, 하나님께서 말씀하신 것이 분명한지 따져 본다. 하지만 그렇게 시간을 보내는 동안, 대

🔒 전략

효과적인 피드백을 위한 다섯 가지 '주요 원칙'

▶ 평가하기보다는 설명하기
- 보고 들은 것을 말로 자세히 설명하되, 비판하지는 말라(예를 들어 "형제님, 말할 때 제발 사람들 얼굴을 보면서 하세요. 사람들이 자기한테 이야기하는지 모르니까 지겨워하지 않습니까"라고 말하는 대신 "형제님, 가만 보니 모임 때 사람들 눈을 쳐다보지 않고 말하더군요. 항상 그러는 것인지 내가 보았을 때만 그런 건지 궁금하군요."라고 말하라).

▶ 뭉뚱그려 말하지 말고 구체적으로 말하기
- 돌려서 말하지 말라.
- 한 번에 한 가지만 지적하라. 바뀔 필요가 있다고 생각되는 한 가지만 언급하라(예를 들어, "예배 시간이 제대로 진행되지 않는 것 같습니다. 새 노래 몇 가지를 골라 함께 부르는 것은 어떨까요?").

▶ 개인 특성이나 성향을 지적하기보다는 스스로 조절할 수 있는 행동 지적하기
- 성격을 탓하지 말라(예를 들어 "언제나 형제님 하고 싶은 대로만 하는군요. 스스로도 알겠지만 너무 고집이 세요. 예비 리더가 형제님을 어려워하는 이유를 알 만하군요!").

▶ 강요하기보다는 권유하기
- "내가 시키는 대로 하세요."라고 말하지 말라.
- 서로 협력하는 관계를 지향하라.

▶ 몇 달 지난 다음이 아니라 일이 일어난 즉시 논의하기
- 2주일이나 지난 일은 끄집어내지 말라.
- 가능하다면 이틀 내에 이야기하라.

화는 전혀 다른 방향으로 흘러갈 수도 있다.

하나님이 주시는 '느낌'은 하나님이 우리에게 말씀하시는 방법 가운데 하나다. 하나님은 우리 삶을 향한 당신의 뜻과 바람을 우리의 생각과 영혼에 느낌으로 전달하신다. 여러분이 하나님의 임재 속에 머무를 때, 그분의 세밀한 말씀을 듣는 것에 점차 친숙해질 것이다.

하나님의 말씀은 쉽고, 분명하며, 친절하고, 올바르다. 하나님의 말씀을 들으면 내 안에서 "그래, 이거야." 하는 확신이 든다. 때로는 내가 전화해야 할 사람이 누군지, 어디로 가야 하는지, 무엇을 해야 하는지에 대해서 보여 주시기도 한다.

> 통찰
>
> ### 하나님의 음성을 듣는 법
>
> "하나님께서 말씀하시고 당신이 이에 응답할수록 하나님의 음성은 더욱 명확하게 구별되기 시작한다. 어떤 이들은 일부러 하나님과 거리를 두려고 한다. 또 어떤 이들은 초자연적인 이적을 체험하는 데 혈안이 되거나, 하나님의 뜻을 발견하는 특별한 '공식' 또는 '순서'에 의지하려 한다. 하지만 하나님과의 친밀감을 대신할 수 있는 방법이란 존재하지 않는다." _헨리 블랙커비

하나님의 말씀을 들으면 언제나 평안이 느껴진다. 바울은

이렇게 말했다. "그리스도의 평강이 너희 마음을 주장하게 하라 너희는 평강을 위하여 한 몸으로 부르심을 받았나니 너희는 또한 감사하는 자가 되라"(골 3:15). 하나님이 주신 평강은 우리의 삶을 향한 그분의 계획을 명확하게 깨닫도록 도와준다.

또한 하나님의 음성은 듣는 사람을 두렵게 하거나 혼란에 빠지게 하지 않는다. 야고보는 그 차이점을 분명하게 설명하고 있다.

"너희 중에 지혜와 총명이 있는 자가 누구냐 그는 선행으로 말미암아 지혜의 온유함으로 그 행함을 보일지니라 그러나 너희 마음속에 독한 시기와 다툼이 있으면 자랑하지 말라 진리를 거슬러 거짓말하지 말라 이러한 지혜는 위로부터 내려온 것이 아니요 땅 위의 것이요 정욕의 것이요 귀신의 것이니 시기와 다툼이 있는 곳에는 혼란과 모든 악한 일이 있음이라 오직 위로부터 난 지혜는 첫째 성결하고 다음에 화평하고 관용하고 양순하며 긍휼과 선한 열매가 가득하고 편견과 거짓이 없나니"(약 3:13-17).

하나님께서는 심지어 우리 죄를 지적하실 때에도 분명하면서 부드럽게 다가오신다. 반대로 사탄은 우리를 혼란과 두려움에 빠지게 한다. 사탄은 도둑이고 살인자며 거짓말하는 자다. 사탄은 충격과 비통한 마음을 주며 사람들을 혼란과 궁지로 몰아넣는 것을 즐긴다.

성령께서 여러분에게 말씀하고 계신다는 것이 느껴지고 리더의 이야기를 잠시 끊어야겠다는 느낌이 든다면 이렇게 말을 시작하라.

- 지금 제 안에 어떤 느낌이 오는지 이야기해도 될까요?
- 형제님에 대해서 한 가지만 점검해도 괜찮을까요?
- 제 느낌이 형제님의 상황에 맞는지 확인해 볼까요?

뛰어난 코치는 하나님의 음성을 듣고 하나님께서 직접 만남을 인도해 주시도록 맡겨 드린다. 또한 리더가 하나님 앞에서 온전히 성장할 수 있도록 돕기 위해서 하나님께서 주시는 느낌을 따라 순종한다.

먼저 양해를 구하라

리더의 깊은 문제까지 다루기 전에 먼저 리더의 양해를 구해야 한다. 하나님께서 주시는 느낌 때문에 이야기 중간에 자연스레 다른 주제로 넘어가게 되더라도, 리더의 개인적인 삶의 부분을 언급하게 된다면 양해를 구하는 것이 좋다. 이렇게 말하면 좋겠다. "자매님, 제가 자매님의 생활을 보면서 느꼈던 점을 나눠도 될까요?"

내가 지도하던 어느 리더 형제가 자신이 지도하던 리더들 앞에서 이런 간증을 했다. "언제든 지금 하는 모든 사역을 집어치우려고 했습니다. 하지만 하나님께서 오늘 제 마음을 위로하셔서 계속 사역을 감당하기로 했습니다." 물론 그 형제는 하나님께서 자신을 도와주셨다는 사실을 말하며 하나님께 영광을 돌리려고 했지만 오히려 듣는 사람들이 그 형제가 너무 변덕스러워서 언제든지 그만둘 수도 있겠다고 생각하게 하는 역효과를 내고 말았다. 나는 그 형제의 상태를 점검해 봐야겠다는 느

사전

하나님의 음성
- 평강
- 선한 지혜
- 자유함
- 일을 성취할 수 있는 힘

사탄의 음성
- 두려움
- 혼란스러움
- 압박감
- 자책감

낌이 들어서 그를 찾아갔다. 그리고 조심스럽게 입을 열었다. "몇 가지 나누고 싶은 이야기가 있는데, 괜찮으시겠어요?" 그 형제는 즉각 마음의 문을 열고 나의 말에 귀 기울였다. 나는 내가 걱정하는 부분을 이야기했고 형제는 너그럽게 이를 받아들였다. 그리고 얼마 후 형제는 힘든 부분을 나눠도 되겠냐고 물으면서 자신의 문제를 털어놓았다.

문제점이나 우려되는 부분을 지적하기 전에 먼저 양해를 구하면 리더는 코치를 더욱 존경하게 된다. 리더 스스로 조절할 수 있도록 운전대를 쥐여 주는 셈이다. 특히 어색하고 불편한 문제일 때는 더욱 양해를 구하는 것이 중요하다. 이런 행동을 통해 리더는 자신에게도 두 사람 사이의 관계를 조절할 수 있는 권한이 있음을 알게 된다. 즉 코치가 모든 권한을 가지고 있지 않다는 것을 보여 주는 것이다. 코치는 리더의 상사가 아님을 기억하라.

꿈을 이루도록 도전을 주라
하나님은 아브라함이 많은 민족의 아비가 될 것이라고 말씀하셨다. 비록 믿음이 흔들릴 만한 상황도 있었지만 아브라함은 하나님이 주신 비전을 굳게 붙잡았다.

"아브라함이 바랄 수 없는 중에 바라고 믿었으니 이는 네 후손이 이같으리라 하신 말씀대로 많은 민족의 조상이 되게 하려 하심이라 그가 백 세나 되어 자기 몸이 죽은 것 같고 사라의 태가 죽은 것 같음을 알고도 믿음이 약하여지지 아니하고 믿음이 없어 하나님의 약속을 의심하지 않고 믿음으로 견고하여져서 하나님께 영광을 돌리며 약속하신 그것을 또한 능히 이루실 줄을 확신하였으니 그러므로 그것이 그에게 의로 여겨졌느니라"(롬 4:18~21).

확고한 비전을 가지고 있었기 때문에, 아브라함은 나이가 들어서도 하나님의 약속이 성취될 것을 믿으며 하나님께 영광을 돌렸다. 코치는 리더가 아브라함처럼 하나님의 비전을 성취할 수 있도록 격려하며 도와야 한다.

현재 나의 지도를 받고 있는 한 리더 형제는 참으로 놀라운 소그룹 배가의 비전을 세웠는데 몇 번이나 어려움을 겪으며 훈련의 기간을 거치게 되었다. 그 형제는 아브라함처럼 곤란한 상황에 빠지기도 했다. 나는 오랜 시간을 그와 함께 보내며, 격려하고 이야기를 들어 주었다. 하지만 왠지 이렇게 말해 줘야 한다는 느낌이 들었다. "형제님, 목표를 생각하면서 계획적으로 활동하고 있나요? 목표를 이루기 위해 구체적으로 하는 일은 무엇인가요?"라고 말이다. 그 형제는 수동적이고 조용한 성격이기에 목표를 향해 능동적으로 나아가도록 강하게 도전을 줄 필요가 있다. 그래서 나는 때때로 그 형제에게 강한 도전을 준다. 그 형제도 힘 있는 말을 듣고 싶어 한다. 이제 그도 코치의 역할이 리더가 하나님께 받은 비전을 향해 달려가도록 자극하는 것임을 깨닫고 있다.

비전을 달성하지 못하도록 내버려 두는 것은 참 쉽다. 하지만 리더가 하나님이 주신 비전을 성취할 수 있도록 지도하는 것이 코치의 의무이다. 리더가 더 큰 그림을 보면서 마지막 결승점을 향해 계속 달려갈 수 있도록 열심히 응원하라.

시도

요구하기보다는 요청하라

리더와 심각한 이야기를 나눠야 할 때, '요청'하는 것은 참으로 큰 힘을 발휘한다. 코치는 "형제님, 존 형제에게 훈련 과정에 참여하라고 이야기해 주실 수 있나요?", 또는 "하루 정도 시간을 내서 가족과 함께 시간을 보내는 것 어때요?"라고 말해 줄 수 있다. 최후 통첩으로 경고하는 게 아니라 이런 식으로 제안을 하면 단지 코치가 말했기 때문에 기계적으로 따르기보다는 자기 주관을 가지고 움직일 수 있는 기회를 주게 된다.

How to be a Great Cell Leader

2부
코칭 기술을 개발하라

소그룹 리더를 코칭하는 일은 헌신을 요구한다.
코치의 목표는 사람들이 예수 그리스도께로 더 나아가게 하는 것이다.
최후 승리의 면류관이 보장되어 있다.
그렇기 때문에 코치는 사람들이 끝까지
예수님을 본받아 전진할 수 있도록 이끌어 주어야 한다.

8: 코치로서의 권위를 향상시키라

전문성, 영성, 관계성을 통해 코치의 권위를 향상시킨다.

　　내가 성경의 내용 가운데 가장 좋아하는 이야기는 다윗의 지도력이 커져만 가는데 반해 사울의 지도력은 쇠퇴하는 부분이다. 하나님은 하룻밤 사이에 다윗을 지도자로 세우지 않으셨다. 오히려 한 번에 하나씩 차근차근 다윗의 성품을 단련시키셨다. 다윗에게 찾아온 첫 번째 훈련은 사자와 곰의 공격에서 양들을 지키는 것이었다. 그리고 이후에는 자신처럼 험난한 인생을 살던 600명의 부하들을 다스리는 훈련을 받았다. 하지만 충성스럽게 모든 과정을 다 겪으면서 차츰 다윗은 이스라엘의 왕이자, 뛰어난 지도자로 세워지기 시작했다.

　　코치도 한 번에 하나씩 어려움을 겪으면서 성장해 간다. 소그룹을 인도하고 구성원들을 돌아보면서 훈련이 시작된다. 시험과 도전을 받아들이고 그로부터 많은 것을 배운다. 리더가 어려움 속에서도 충성스럽게 맡은 일을 해 나가면 하나님께서는 더 큰 사명을 맡기시는데 그것이 바로 리더를 돌보는 코치의 역할이다. 대부분의 코치들은 스스로 자격이 없다고 느낀다. 다윗과 마찬가지로 모든 코치들은 길고 먼 믿음의 여정 가운데 있는 것이다.

한 가지 고비를 넘으며 한 걸음 더 나아가고, 한 가지씩 배워 가면서 소그룹 코치로서의 권위는 점점 더해 간다. 코치로서의 권위가 더해질수록 사역에 하나님의 기름 부으심이 넘치고 코치의 삶을 통해 선한 영향을 받는 사람들이 늘어 간다.

지위로부터 오는 권위

워싱턴 시의 정부 기구에서 의사로 일하는 사촌이 있다. 사촌은 자신의 지위 덕분에 워싱턴의 정치국과 정부 관련자들을 쉽게 만날 수 있다. 한번은 사촌이 국회 의원들에 대해 이야기해 준 적이 있다. 국회 의원들은 자기의 인격이 아니라 지위 덕분에 그토록 큰 특권을 누리고 주목을 받으며 권력을 흔들 수 있다는 사실을 자주 잊어버린다고 한다. 그러다 보니 선거에서 패배하기라도 하면 아무도 자기에게 주목해 주지 않는다는 사실에 충격을 받아 거의 실성한 사람처럼 군다는 것이다. 그리고 사촌은 이렇게 덧붙였다. "그 친구들은 인기의 비결이 자기 인격이 아니라 지위였다는 사실을 까맣게 잊는다니까."

일단 어떤 지위에 오르게 되면 어느 정도 권위를 부여받는다. 코치라는 지위 역시 여러분에게 리더를 지도할 권위를 자동적으로 부여한다. 여러분이 코치라는 이유만으로 리더들은 여

🔒 **전략**

지위를 통해 얻은 권위에 대한 조언

- 리더의 유익을 위해 당신의 지위를 사용하라.
- 리더를 보호하고 후원하기 위해 당신의 지위를 사용하라.
- 말하기 전에 먼저 리더의 말을 들으라.

러분을 특별한 사람으로 보게 된다. 하지만 지위로 얻은 권위를 발전시키는 최선의 방법은 권한을 맘대로 사용하는 것이 아니라 남을 섬기는 것이다. 다음에 나오는 세 가지 권위는 여러분이 코치로서 성공적으로 사역하는 데 큰 도움이 될 것이다.

전문 능력을 통한 권위

뛰어난 코치는 계획을 어떻게 수립하는지 잘 안다. 어려운 상황에서도 능숙한 조언을 줄 수 있을 만큼 경험도 충분히 쌓았다. 7점 차로 뒤지는 상황에서 경기 종료 1분을 남겨 놓고 선수들 앞에서 서 있는 미식축구팀 코치를 한번 상상해 보라. 공은 골대에서 겨우 10미터 떨어진 곳에 놓여 있다. 아마 코치는 선수들이 터치다운할 수 있도록 자신의 경험과 본능적 느낌과 기술적 정보를 모두 다 동원하여 작전을 세울 것이다.

> **시도**
>
> **전문적 권위를 개발하는 방법**
>
> - 소그룹 사역에 대한 글을 많이 읽으라.
> - 리더들을 지도하는 법을 연습하라.
> - 당신의 경험에 비추어 보라. 최선의 방법이 무엇인지 알게 될 것이다.
> - 당신을 지도하는 코치를 포함해서 다른 코치들의 지식을 수집하라.

리더에게 기술적 정보를 주려면 먼저 자료 조사를 충분히 해야 한다. 탁월한 코치는 그동안 다른 코치들이 시도한 것과 지금 시도하고 있는 기술이 무엇인지 파악한다. 이런 노력은 계속되어야 한다.

대부분 코치들은 자신이 전문가가 아니라고 한다. 반가운 소식은 누구나 지식과 기술이 뛰어난 코치가 될 수 있다는 것이다. 뛰어난 통찰력은 실제로 사역을 하는 가운데 생겨난다. 낙심한 리더들을 돌보고 소그룹에서 생겨난 문제들을 풀어 가면서 자신의 전문 지식을 쌓아 가는 것이다. 하나님은 이렇게 배운 교훈을 훗날 반드시 활용하게 하신다. 사자나 곰과 싸우던 다윗의 경험을 그대로 사용하셨듯이 말이다.

소그룹 사역에 관련된 책과 글을 많이 읽기 바란다. 인터넷상에 있는 유용한 정보를 찾아보라. 동료들의 경험담을 들으라. 궁금한 것은 물어보라. 하버드 비즈니스 스쿨 교수로 있는 존 코터는 이렇게 말했다. "평생 동안 쉬지 않고 배우는 사람들의

시도

영적 권위를 개발하는 법

- 개인 묵상 시간을 충분히 가지라.
- 결정을 내리기 전에 하나님의 지혜를 구하라.
- 하나님의 말씀에 귀를 기울이고, 보여 주신 바를 기록하라.
- 말을 많이 하는 대신 다른 사람들의 말을 들어 주라.

특징은 다른 사람들의 의견과 생각을 자세히 물어본다는 것이다. 자기가 뭐든 다 알고 있다거나 다른 사람들에게는 배울 것이 별로 없다고 착각하지 않는다. 오히려 그 반대로 어떤 상황에서든, 누구에게든 배울 것이 있다고 믿는다." 여러분의 전문적 기술과 지식이 늘어날수록 스스로 확신도 커 가고, 다른 사람들도 여러분의 권위를 인정하게 될 것이다.

> **통찰**
>
> 여의도순복음교회에서 성장한 카렌 허스톤 자매가 두 명의 소그룹 리더에 대한 이야기를 해 주었다. 한 사람은 세련되고 아는 것도 많았지만 소그룹이 좀처럼 성장하지 않았다. 다른 한 사람은 말도 더듬거리고 서투른 부분이 많았지만 사람들은 넘쳐 났다. 어떤 차이가 있는 것일까? 첫 번째 리더는 단지 좋은 모임을 진행하러 오는 반면 두 번째 리더는 평소 구성원들과 함께하는 시간이 많았다. 이것이 진정한 지도력이다.

영적 권위

소그룹 코치로 사역하는 칼 에베렛 형제는 수줍음이 많은 사람이다. 사람들이 정보를 얻으려고 그에게 몰려올 때도 열정에 넘쳐 흥분하는 모습을 볼 수 없다. 칼 에베렛 형제도 대부분의 코치들처럼 하나의 소그룹을 인도하는 식으로 사역을 시작했다. 그런데 그가 맡은 소그룹은 6번이나 배가를 거듭했고 새로 탄생한 소그룹들도 성공적으로 잘 성장했다. 칼은 자신의 성공 비결을 단 몇 마디 말로 요약했다. "기도하고, 기도하고, 또

기도하세요." 이후로 칼 형제의 영적 권위는 더욱 급성장하여 그는 베다니 세계 기도 센터의 지도부를 맡게 되었다.

풀러 신학교 교수이자 지도력에 관한 전문가인 바비 클린턴 교수는 그의 책에 이렇게 쓰고 있다. "리더는 먼저 자기 인생에서 개인적 방향을 잡는다. 아주 중요한 인생의 갈림길에서 하나님이 인도하시는 방향을 찾는 법을 배운 후에는 자신이 인도하는 소그룹의 방향을 결정하는 지도자의 역할로 전환하게 된다. 또한 하나님의 말씀에 지속적으로 순종하여 그 뜻을 드러내는 사람은 영적 권위를 얻는다."

시도

관계를 통한 권위를 세우는 방법

- 사람들과 함께하는 시간을 가지라.
- 공통의 관심사나 동일한 열정을 가진 부분을 찾으라(사역이 아닌 부분까지 포함).
- 자신보다는 그들의 이익을 우선에 두라.
- 자신보다는 그들의 필요와 계획을 채우도록 하라.

영적 권위는 살아 계신 하나님과의 깊은 관계 속에서 비롯된다. 탁월한 코치는 하나님의 임재 안에 머물면서 갖춘 영성을 리더에게 나누어 주는 사람이다. 자신의 코치가 하나님의 음성을 듣는다는 사실을 알게 될 때, 리더들은 여러분을 더욱 신뢰하며 권위를 인정해 줄 것이다.

관계를 통한 권위

성공적으로 코치의 역할을 수행하려면 지식과 기술 훈련, 문제 해결 능력, 소그룹 활동법 등의 전문적인 기술을 터득하는 것이 중요하다. 하지만 새내기 소그룹 리더에게 가장 필요한 것은 함께 짐을 져 주고 먼 길을 동행하며 필요할 때 말 친구로 섬겨 주는 사람이다. 관계를 통한 권위는 어느 누구라도 지속적으로 발전시킬 수 있다.

마가복음 3장 13~19절에서 예수께서는 제자들을 부르셨다. "또 산에 오르사 자기가 원하는 자들을 부르시니 나아온지라 이에 열둘을 세우셨으니 이는 자기와 함께 있게 하시고 또 보내사 전도도 하며 귀신을 내쫓는 권능도 가지게 하려 하심이러라 이 열둘을 세우셨으니 시몬에게는 베드로란 이름을 더하셨고 또 세베대의 아들 야고보와 야고보의 형제 요한이니 이 둘에게는 보아너게 곧 우레의 아들이란 이름을 더하셨으며 또 안드레와 빌립과 바돌로매와 마태와 도마와 알패오의 아들 야고보와 및 다대오와 가나나인 시몬이며 또 가룟 유다니 이는 예수를 판 자더라." 예수께서는 제자들을 불러 함께 시간을 보내셨

🎯 시도

평가서 작성 부탁하기

- 지금 당신이 진지하게 부탁하고 있음을 알리라. "다른 사람들이 나를 어떻게 보는지 정말로 알고 싶어서 평가서를 부탁하는 것입니다. 내가 성장할 수 있는 유일한 방법이지요."
- 직접적이고 구체적으로 질문하라. "내가 제시한 내용들에 대해 어떻게 생각합니까?" 이런 질문은 일반적인 느낌만을 묻는다. 대신 "사람들에게 우선순위에 대해 강의하고 설명했던 내용 중에 어떤 것이 좋았는지 말해 주세요."라고 물으면 좀 더 구체적인 평가를 받을 수 있다.
- 사람들이 "그게 다예요."라고 말할 때까지 계속 물어보라.
- 자신을 방어하거나 논쟁하지 말고 평가해 준 것에 대해 고마움을 표하라. 리더들은 당신의 부탁을 들어준 것뿐이므로 그들의 평가에 언짢아하거나 까다롭게 굴지 말라.

고 자신의 삶을 나누어 주셨다. 참으로 놀라운 축복이다.

평가를 부탁하라

어느 날 오후, 나는 유명한 약국에 들렀다. 약국 안은 기다리는 사람들로 넘쳐 나는데 조제실 직원들은 히히덕거리고 놀고 있었다. 또한 손님을 맞이하는 직원들은 약에 대해서 잘 모르는 것처럼 보였다. 짜증이 난 나는 불만 사항을 적는 신청서를 찾아보았다. 하지만 결국 신청서를 찾지 못하고 속상한 마음으로 돌아왔다. 또 언젠가는 친절한 직원을 칭찬해 주려고 이런저런 방법을 찾다가 결국 직원용 서류에 적어 놓은 적도 있다.

나는 내가 지도하는 리더들

에게 평가 용지를 주면서 나에 대한 평가를 해 달라고 부탁한다. 리더들의 생각을 파악하고, 더불어 그들이 좋아하고 싫어하는 것은 무엇인지 나에게 말할 수 있는 기회를 주고 싶은 것이다.

리더에게 평가서를 써 달라고 부탁하는 것(요구하는 것 말고)은 리더들에게 자신의 생각을 표현할 문을 열어 주는 것이고 코치가 어떤 영역에서 성장해야 하는지 알 수 있게 되는 유용한 방법이다.

평가서 양식

코치인 저는 여러분을 효과적으로 섬기고 싶습니다. 제게 하고 싶은 말이나 여러분의 의견이 있으면 말해 주십시오. 아래의 질문에 답하신 후에 제출해 주시기 바랍니다. 평가해 주신 내용은 제가 앞으로 사역을 하는 데 큰 도움이 될 것입니다.

날짜 : _____

이름 : _____

	탁월하다	아주 좋다	좋다	그럭저럭	별로다
1. 지난 한 달 동안 코치로서의 전반적인 사역은 어떠했습니까?	5	4	3	2	1
왜 그렇습니까?					
2. 개인 면담 시간은 어떠했습니까?	5	4	3	2	1
왜 그렇습니까?					
3. 매주 전체 리더 모임 시간은 어떠했습니까?	5	4	3	2	1
왜 그렇습니까?					

4. 제가 제공한 내용 가운데 유용하게 사용할 수 있었던 방법이나 기술, 정보가 있으면 적어 주십시오.

5. 제가 코치로서 좀 더 효과적으로 섬길 수 있도록 조언하실 말씀이 있습니까?

이 외에 말씀해 주실 것이 있다면 뒷면을 이용해 주십시오.

9: 문제점 진단하기
상황에 따라 각각 다른 문제를 제대로 진단한다.

정원사가 우리집 마당에 살수 장치(물을 흩어 뿌리는 장치)를 설치하고 잔디를 심었다. 그 뒤로 잔디는 언제나 싱싱했고 몇 달 동안 쑥쑥 잘 자랐다.

그러던 중 문제가 발생했다. 정원의 몇 군데가 말라 있는 것이었다. 그래서 정원사에게 살수 장치를 다시 손봐 달라고 했다. 살수 장치를 제대로 설치하는 데 오랜 시간이 걸렸고 그 뒤에도 몇 번이나 다시 손봐야 했다.

그런데 얼마 안 가 잔디밭에 잡초가 솟아 나왔다. 언뜻 보기에 잔디와 비슷해 보였지만 잎의 길이는 3배가 넘었다. 어찌할 바를 몰라서 친구들과 전문가에게 도움을 구했다. 그중 한 사람이 와서 살펴보더니 "완전히 없애려면 우리 회사에서 만든 제초제를 뿌리셔야겠는걸요." 하고 권유했다. 그래서 제초제를 사서 정확한 양만큼 뿌렸더니 정말로 잡초가 없어졌다.

　잡초를 없애고 나니 마음이 한결 가벼워졌다. 하지만 곧 잔디밭에 검붉은 버섯이 올라오기 시작하는 것이었다. 도대체 이유를 알 수 없어서 잔디 관리 센터에 연락을 했더니 그곳 대표가 찾아와 무엇이 문제인지 진단해 주었다. "물을 적게 주셔야겠는걸요. 하루 정도는 물을 주지 마시고 바짝 마르게 하세요." 그래서 물 주는 방법을 바꿨더니, 버섯은 곧 없어졌다.

🔑 전략

문제를 진단할 때 범할 수 있는 실수

- 곧바로 결론을 내림 : 알고 있는 정보가 한정되어 있거나 이전에도 비슷한(똑같지는 않은) 문제를 겪은 적이 있을 때
- 문제를 정확히 파악하지 못함 : 문제를 명확하게 파악하지 못해서 구체적인 해결 방법을 제시하지 못하고 일반적인 제안만 한다.
- 성급한 행동 : 마음이 급해서 빨리 해결하려 하기 때문에 결국 한 번에 너무 많은 일을 해야 된다.

문제를 진단하라

소그룹 리더를 돌보는 것은 잔디를 키우는 것과 비교할 수 없을 만큼 중요한 일이다. 하지만 양쪽 모두 관심과 노력을 기울여야 한다는 점에서 비슷하다.

문제를 제대로 파악하기 위해서는 리더와 리더의 가족, 그리고 리더가 이끄는 소그룹을 살펴보아야 한다. 또 다양한 환경 속에서 리더가 활동하는 모습을 지켜볼 필요가 있다. 이번 장에서는 흔히 일어나는 문제점과 코치들이 겪게 되는 상황을 살펴보겠다.

낙심한 리더들을 격려하라

탁월한 코치는 문제가 커지기 전에 미리 알아차린다. 그리고 누구나 한번쯤은 실수한다는 사실을 알기에 아픔의 시간을 치유의 과정으로 이끌며 인도한다. 이와는 반대로 사탄은 화살통 가득 화살을 담고 찾아와 리더의 마음을 향해 낙심과 의심의

화살을 당긴다. 그리고 이렇게 속삭인다. "이봐, 너는 실패자야. 소그룹을 절대로 배가시킬 수 없어. 네 문제로도 복잡한데 다른 사람들까지 어떻게 돌볼 수 있겠어. 소그룹 리더는 은사가 많은 사람들이나 하는 것이지, 넌 아냐." 이것은 소그룹 리더들을 향해 퍼붓는 사탄의 흔한 거짓말이다.

대부분 리더들은 낙심했을 때 마음을 열고 코치에게 이야기한다. 만약 리더가 자신의 마음을 제대로 이야기하지 못한다면 그의 태도를 자세히 살펴보라. 목소리에 절망감이 깃들어 있지는 않는가? 어깨가 축 늘어져 있는가? 그리고 그 리더가 담당한 소그룹 구성원들에게 모임이 어떻게 진행되고 있는지 물어보라. 좋지 않은 이야기가 나온다면 리더가 지금 소그룹의 문제 때문에 낙심하고 있다는 증거다.

시도

- Identify : 문제가 무엇인지 파악한다.
- Set priority : 가장 먼저 할 일을 찾고, 중요도나 긴급성에 따라 일의 처리 순서를 정한다.
- Explore causes : 문제의 원인이라 생각되는 부분을 살피고 증거를 찾는다.
- Explore solution : 이를 해결할 수 있을 만한 방법을 찾는다.

마음이 낙심한 리더에게 해 줄 수 있는 최선의 방법은 그의

말을 들어 주고(제2장 참고) 격려해 주는(제3장 참고) 것이다. 앞의 내용들을 다시 읽어 보라. 두 번 정도 읽어 본 후에, 다음의 내용을 실천해 보라.

- 리더를 위해 기도하라.
- 리더와 함께 차 한잔 마시러 나가라.
- 우편으로 카드를 보내라.
- 주변의 다른 리더들에게 부탁해서 그 리더를 격려해 주도록 하라.
- 리더를 칭찬해 줄 방법을 생각해 보라(예전에 잘 처리했던 일을 칭찬한다).

필요한 지식을 쌓도록 도우라

영양분이 부족하면 잔디는 노랗게 마르다가 결국 시들어 버린다. 리더들 중에는 단지 소그룹을 효과적으로 인도할 기술이 부족해서 힘겨워하는 경우가 있다. 여기서 기술이란 사람들의 이야기를 들어 주고, 질문에 답할 준비를 하며, 모임 장소의 의자를 적절히 배치하거나, 혼자 이야기를 주도하는 사람들을 통제하고, 구성원들을 위해 기도해 주는 것 등을 말한다.

어떤 경우에는 리더가 너무 말이 많다. 그럴 때는 그 부분에 대해서 이야기해 주라. 남의 이야기에 귀 기울이는 습관을 가져야 한다고 말해 주면서, 소그룹 인도에 대한 책을 읽는 것이 어떻겠냐고 넌지시 추천해 보라.

만약 소그룹 토론 내용을 제대로 준비하지 못하는 경우라면 다음 모임이 시작하기 전에 내용을 미리 읽으면서 준비하라고 권하라.

> **통찰**
>
> "사람들은 꽃과 같다. 장미꽃은 비료를 듬뿍 주어야 한다. 진달래꽃은 비료가 없어도 상관없다. 각각 필요한 것을 제대로 공급해 주지 않으면 꽃은 결코 피어나지 않는다. 리더는 꽃들의 각 특성을 잘 파악하는 능력을 갖추어야 한다." _존 맥스웰

리더들의 삶을 더욱 윤택하게 하기 위해 책을 선물하거나 이메일로 정보를 보내 주고, 필요한 정보를 얻을 수 있는 곳을 가르쳐 주라.

개인적인 문제를 진단하라

제4장에서는 보살핌에 대해서 나누었고 또한 리더를 성과가 아닌 인격으로 대하라고 말했다. 리더의 개인적인 문제란 가정생활의 갈등(부모님이나 배우자)에서부터 직장 문제, 재정 사용 문제, 건강 문제까지를 말한다. 하나님께서는 인간을 지성, 감

🔖 **통찰**

영적인 문제 다루기

어느 코치의 이야기다. "처음에는 코치의 역할이 리더의 지도력 개발에 관한 것이라고 착각했었다. 내가 리더에게 가르칠 것은 소그룹을 인도하는 방법이 전부라고 생각했다. 즉, 토론을 원활하게 진행하는 법, 중보 기도 시간 진행법, 새로운 그룹을 배가하는 법 등 말이다. 물론 지도력 개발도 중요한 부분이긴 하지만 그게 전부는 아니다. 개인의 인격 역시 중요하다는 사실을 깨닫게 되었다. 이제 코치로서 신경 써야 할 부분이 단지 리더의 지도 기술만은 아니다. 리더의 지도 기술과 더불어 리더의 개인 생활과 영적 생활도 제대로 성장하고 있는지 확인해야 한다. 나는 리더의 기술적 발전에만 신경을 쓰면서 리더의 영적이고 인격적인 성장은 소홀히 여겼고, 리더들은 자신을 이용만 당하는 기계처럼 느꼈다. 리더의 전반적인 면을 성장시키는 계획을 세우는 것이 어느 한쪽에만 집중하는 것보다 훨씬 낫다는 사실을 보게 되었다."_에릭 위시먼

정, 의지를 모두 갖춘 존재로 만드셨기 때문에 이런 다양한 문제들이 소그룹 리더의 지도력에 영향을 끼친다. 따라서 코치와 리더의 우정은 두 사람의 관계에서 중요한 열쇠가 된다. 예수께서는 제자들을 불러 '함께' 지내셨고, 그 과정에서 '많은 일'을 함께하셨다.

소그룹 리더에게 코치는 목자와도 같다. 현실적으로 볼 때도 코치는 마치 전임 목회자처럼 사역한다. 이처럼 코치는 목자

의 마음으로 리더를 돌보아야 한다. 개인의 문제를 진단할 수 있는 간단한 방법이란 없다. 함께 시간을 보내고 여러 곳에서 리더가 활동하는 모습을 지켜보며, 리더에게 필요한 것이 무엇인지 하나님께 기도하며 리더의 이야기를 듣는 것이 문제를 파악하는 최선의 방법이다.

만약 좋지 않은 상황이 개인의 문제에서 비롯된 것이라면 거기에 맞는 정보를 제공해야 할 수도 있다.

- 구직 정보(연락처 제공, 인터넷 사이트 정보, 재정 관리 프로그램 관련 책자 등을 추천함)
- 재정 사용법(예산 세우는 법에 관련된 세미나 추천, 자신이 알고 있거나 조사한 내용 제시)
- 결혼 상담(개인 상담, 상담가를 소개하거나 관련 정보 제공)

숨겨진 죄 문제를 파악하라

분명히 리더에게 무슨 문제가 있는 것 같은데 그게 무엇인지 정확하게 짚어 낼 수 없는 경우가 있다. 예전에 돌보던 한 리더는 어느 날부터 어딘가 침울해 보이고 자꾸만 나를 피하려고 했다. 더 이상 자신을 깊이 나누지 않고 그저 형식적으로 나를 대

통찰

"사람이 성장하는 모습은 마치 광산에서 금을 캐는 모습과도 같다. 겨우 2~30그램의 금을 얻기 위해서 수십 톤의 흙먼지를 제거해야만 한다. 하지만 먼지 덩어리를 찾으러 광산에 들어가는 법은 없다. 금을 찾기 위해 깊은 땅굴로 들어가는 것이다." _데일 카네기

했다. 그답지 않은 이상한 행동이었다. 알고 보니 그 리더에게 은밀한 죄 문제가 있었고, 그 리더는 결국 자리에서 물러나게 되었다. 이처럼 개인의 사적인 문제라고 할지라도 그 문제의 원인이 숨겨진 죄일 수 있다는 것을 늘 염두에 두어야 한다.

나는 여러분이 리더와 면담을 나눌 때 영적인 부분에 대해서 언급하기를 바란다. 리더의 삶 속에 예수께서 어떻게 역사하고 계신지 물어보라. 리더가 영적인 문제에 대해 이야기할 수 있는 기회를 더 많이 주어야 한다. 그리고 기도하는 것을 잊지 말라. 물론 이렇게 안전장치를 마련한 경우라도 리더가 강하게 거부하며 그 사실을 숨긴다면 한동안 숨겨진 죄를 발견하지 못할 수도 있다. 하지만 민수기 32장 23절의 말씀은 언제나 그대로 이뤄진다.

"너희가 만일 그같이 아니하면 여호와께 범죄함이니 너희 죄가 반드시 너희를 찾아낼 줄 알라".

원수는 새내기 리더들에게 공격을 퍼붓기 위해 지나간 과거의 죄까지 들먹거린다. 그런데 이러한 공격을 받았을 때 막아내는 대신 그냥 무릎을 꿇는 경우가 있다. 코치는 갈라디아서 6장 1~5절에 나오는 사도 바울의 조언으로 이 상황에 대처해야 한다.

"형제들아 사람이 만일 무슨 범죄한 일이 드러나거든 신령한 너희는 온유한 심령으로 그러한 자를 바로잡고 너 자신을 살펴보아 너도 시험을 받을까 두려워하라 너희가 짐을 서로 지라 그리하여 그리스도의 법을 성취하라 만일 누가 아무것도 되지 못하고 된 줄로 생각하면 스스로 속임이라 각각 자기의 일을 살피라 그리하면 자랑할 것이 자기에게는 있어도 남에게는 있지 아니하리니 각각 자기의 짐을 질 것이라."

여러분은 사탄이 리더를 영적 침체 상태에 빠뜨리려 한다는 사실을 알 것이다. 죄를 짓게 하는 것만으로 충분하지 않을 경우, 사탄은 군대를 동원해서라도 심한 정죄감을 줄 것이다. 그래서 리더가 스스로 어떤 사역도 할 수 없는 무능한 사람으로 여기게 만들 것이다. 결국 리더가 소그룹 사역을 모두 포기해 버릴 때 사탄은 기뻐 날뛴다.

압살롬이 되지 않도록 하라

다윗 왕의 아들 압살롬은 스스로 이스라엘의 중심부를 장악하고 아버지에게 반역을 했다(삼하 15장). 목회자들 가운데는 또다른 압살롬이 생겨나지 않을까 하는 두려움 때문에 소그룹 자체를 반대하는 이들도 있다.

그러나 모든 리더들이 코치의 주의 깊은 지도를 받는다면 압살롬이 되는 것을 막을 수 있다. 지혜로운 코치는 불순종의 조짐을 잡아내고 부정적인 영향이 널리 퍼지기 전에 문제를 해결한다. 코치는 이런 식으로 자신이 돌보는 리더들을 살피면서 목자의 역할을 제대로 수행하는 것이다.

소그룹 중심으로 움직이는 교회에는 충분한 코치가 확보되어야 한다. 성도의 수가 적은 교회라면 담임 목사가 코치 역할

에베소의 감독들에게 보낸 바울의 조언

"여러분은 자기를 위하여 또는 온 양 떼를 위하여 삼가라 성령이 그들 가운데 여러분을 감독자로 삼고 하나님이 자기 피로 사신 교회를 보살피게 하셨느니라 내가 떠난 후에 사나운 이리가 여러분에게 들어와서 그 양 떼를 아끼지 아니하며 또한 여러분 중에서도 제자들을 끌어 자기를 따르게 하려고 어그러진 말을 하는 사람들이 일어날 줄을 내가 아노라 그러므로 여러분이 일깨어 내가 삼 년이나 밤낮 쉬지 않고 눈물로 각 사람을 훈계하던 것을 기억하라"(행 20:28-31).

을 하면 된다. 정기적으로 리더들과 만난다면 교역자들도 이들을 적절히 지도할 수 있다. 누가 그 일을 하느냐는 문제될 것이 없다. 중요한 것은 소그룹 리더 한 사람씩을 보살펴 줄 코치가 있어야 한다는 것이다.

소그룹의 구조적 문제를 해결하라

소그룹의 구조는 여러 가지가 있겠지만, 구조와 관계없이 공통적으로 발생하는 문제는 있기 마련이다. 예를 들면 모임을 혼자서 주도하려는 구성원이나 자기 혼자 이야기를 계속하는 리더, 뜸한 전도 활동 등이다. 이런 일들은 코치가 여러 소그룹에 참석하면서(제12장 참고) 흔히 볼 수 있는 문제이고 또는 일대일 면담이나 그룹 면담(제11장 참고)을 통해서도 자주 듣는 이야기다.

이런 일반적인 문제점은 지도력 개발 과정에서 충분히 다룰 수 있다(제5장 참고). 또한 나의 책 《사람들이 몰려오는 소그룹 인도법》(NCD)의 내용을 통해서도 배울 수 있다. 그 책에서는 충분히 귀 기울이며 들어 주는 방법과 혼자서 이야기를 독점하는 사람들을 다루는 법, 소그룹 단위로 전도하는 법을 제시하고 있다. 코치가 리더에게 그런 부분을 공부하도록 숙제를 주고, 정기적으로 만남을 가지며 도움을 줄 때 문제는 자연스럽게 해결된다.

혼자서 다 감당할 필요는 없다

리더가 어느 소그룹 구성원을 대상으로 특별한 사역을 할 때, 그 일이 매우 번거롭고 민감한 경우가 있다. 이때 리더는 코치에게 그런 어려움을 나누고 그 사람을 위해 함께 기도해야 한다. 그런 문제를 다른 사람에게 나누는 것은 그에 대한 신의를 저버리는 행위라고 생각하는 리더들이 있다. 그래서 혼자서 힘겨운 문제를 모두 감당하려고 한다. 한번은 어느 소그룹 구성원이 리더에게 자신이 동성애 때문에 힘겨워한다는 사실을 나눴다. 그 리더는 이처럼 큰 문제를 코치에게 나누지 않고 혼자서 그 사람을 위해 기도해 주려고 했다. 그러나 리더는 문제의 심각성에 짓눌린 나머지 다른 구성원들을 위해 사역할 힘마저 모두 잃어버리고 말았다.

사실 소그룹 구성원들이 고통받고 있는 문제의 상당 부분은 리더 혼자 감당하기 어렵다. 그런 문제를 가진 구성원은 경험이 풍부한 중보 기도팀에게 부탁하여 특별 기도를 받게 하든지 상담, 또는 재활 훈련을 받도록 해야 한다. 리더 혼자서 모든 문제를 다 감당할 필요는 없다. 코치는 리더가 구성원들의 문제를 지혜롭게 풀어 나갈 수 있도록 도와주어야 하며 하나님이 주시는 해결책을 찾도록 이끌어 주어야 한다.

미리 예방하기

약은 이미 병에 걸린 사람을 위한 것이다. 하지만 예방약은 병에 걸리지 않도록 막아 주는 역할을 한다. 코치 역시 예방책을 활용해야 한다. 아래의 방법들을 참고하라.

여러분을 맡고 있는 코치를 찾아가라 : 바람직한 소그룹 구조는 항상 상위 리더 체계가 확립되어 있다. 작은 규모의 교회에서는 담임 목사가 코치 구조의 가장 상위 리더를 담당한다. 큰 규모의 소그룹 중심 교회에서는 수십 명의 담당 목사가 있다. 그중 여러분을 지도하는 코치를 찾아가면 된다. 코치는 여러분을 잘 알고 상황을 제대로 파악하고 있으며 교회의 구성원들도 잘 알기 때문에 교회 구조 안에서 이 문제가 어떻게 해결될 수 있는지도 올바로 제시할 수 있다. 코치 구조 전체가 소그룹의 문제를 해결할 수 있는 방법과 정보를 제공하는 역할을 하도록 조직된 것이다.

친한 동료들에게 물어보는 것도 좋은 방법이다 : 자신과 비슷한 문제를 겪은 적은 없는가? 그렇다면 어떻게 문제를 해결했나? 어쩌면 동료들이 문제를 해결할 수 있는 정보를 제공해 주거나 도움이 될 만한 사람을 추천해 줄 수도 있다. 잠언 11장 14절 말씀을 기억하라. "지략이 없으면 백성이 망하여도 지략이 많으면 평안을 누리느니라".

자신의 경험을 돌이켜 보는 것도 효과적이다 : 코치라면 대부분 소그룹을 인도한 경험이 있고 사람이나 상황에 관련된 문제들도 여럿 다루어 보았을 것이다. 자신이 문제를 해결했던 경험을 다시금 끌어내라. 미리 예비하시는 하나님께서 여러분을 특별한 상황에 두셔서 이미 독특한 경험을 하도록 허락하셨을 것이다.

코치는 갈라진 틈 사이를 막아서서 리더를 보호하는 역할을 한다. 코치는 또한 리더가 평안하도록 돌보고 오랜 기간 방황하더라도 끝까지 붙잡아 준다. 이처럼 코치는 문제 해결의 모든 과정에서 중요한 역할을 감당한다.

문제 해결 과정을 통한 성장

때로는 자신이 문제를 해결하기는커녕 문제를 언급할 자격조차 없다고 느껴질 때가 있다. 하지만 꼭 기억해야 할 것은 여러분이 문제 해결을 위해 힘쓰고 자신이 발견한 지식을 리더에게 제공할 때 여러분 역시 그리스도 안에서 성숙하게 자란다는 사실이다. 소그룹 교회의 성장 원칙을 연구하던 초반기에는 내 삶 속에 실제로 적용할 기회가 없었으므로 그런 사실을 깨닫지 못했다. 하지만 문제 해결을 위해 애쓰는 가운데 점차 그 사실을 깨닫게 되었다. 어쩌면 여러분은 이미 소그룹에 관련된 충분한 지식을 가지고 있을지도 모르겠지만 실제로 아는 것을 적용하는 과정을 거치지 않으면 더 크게 성장할 수 없다.

10: 단계별 소그룹 지도
소그룹의 성장 단계를 이해하고 효과적으로 지도한다.

세계 여러 곳을 다니며 소그룹 세미나를 인도하면서 느끼는 것은 여러 강의 중에서도 유독 사람들에게 영향력을 크게 끼치는 강의가 있다는 사실이다. 한번은 세미나 기간 동안 어느 참가자가 찾아오더니 "소그룹의 변화 과정에 대해 설명해 주신 내용이 가장 유익했습니다."라고 말했다. 그분은 소그룹의 발전 과정에서 겪게 될 수 있는 '영적 어두움'의 시기가 어떤 식으로 진행되는지 강의했던 내용을 말한 것이다. 또한 그 강의를 듣고서 마음의 부담감을 떨쳐 버릴 수 있었다고 말했다.

이것은 효과적으로 소그룹을 인도하는 방법을 깨달을 때 일반적으로 경험하는 현상이다. 소그룹 사역에서 반드시 거치게 되는 과정의 단계를 미리 알고 있으면 안심할 수 있다.

코치로서 리더들을 대상으로 사역할 때도 비슷한 과정을

겪는다. 하룻밤 사이에 완벽한 수준을 기대할 수는 없다. 정도의 차이는 있지만 대부분의 코치들이 다음과 같은 과정을 겪게 되는데, 이것은 리더를 지도하는 과정에서 겪게 되는 일반적인 단계라고 볼 수 있다.

연애 단계

친구인 트리쉬 자매에게 들은 이야기다. 의사로 일하는 트리쉬의 남편이 다른 주에 위치한 어느 병원에서 좋은 조건으로 스카우트 제의를 받았다고 한다. 하지만 그는 이 제의를 거절했다. 사람들이 왜 지금 일하는 병원에 남기로 결정했냐고 묻자 그는 이렇게 대답했다고 한다. "지금 일하는 병원에서야 뭐가 문제인지 잘 알지만 그쪽 병원에는 무슨 문제가 있는지 어떻게 알겠습니까?"

인생을 살다 보면 남의 떡이 커 보이는 때가 있다. 왜일까? 가까이 가서 들여다봐야 군데군데 파헤쳐진 부분이 보이는 법이다.

사전

1. 연애 단계 : 이제 막 시작된 신혼 관계
2. 현실 단계 : 서로에 대한 신뢰를 발전시켜 가는 시기
3. 저항 단계 : 영혼의 갈등과 어두움을 지나는 시기
4. 해결 단계 : 흑암의 물을 지나 빛으로 들어가는 시기
5. 보상 단계 : 신뢰와 축복의 시기

연애 단계일 때는 모든 것이 새롭고 흥분되고 푸르러 보인다. 파헤쳐진 부분은 잘 드러나지 않는다. 리더는 이제 막 새로운 도전을 시작했다. 마치 온 세상을 정복할 능력을 얻은 듯 단 몇 주 안에 소그룹을 배가시킬 수 있을 것만 같다. 자신을 지도하는 코치가 이 세상에서 가장 뛰어난 코치로 보이고 실수 따위는 전혀 하지 않을 것처럼 여겨진다. 코치가 하는 말이라면 모두 받아들일 준비가 되어 있다. 이렇게 마음이 열려 있을 때 리더에게 많은 부분을 지도해 주어서 다음 단계를 잘 준비하도록 하라.

> **전략**
>
> ### 연애 단계의 전략
>
> 리더에게 소그룹의 목적과 방향과 목표를 명확히 하라. 이 단계를 잘 이용해서 소그룹 관련 지식과 전략을 가르치고 미래에 맞게 될 어려움을 미리 예상하도록 도우라.

연애 단계를 잘 보내는 법

- 최대한 그 시간을 즐기라. 너무 서둘러 다음 단계로 나아가지 말라.
- 리더가 열린 마음으로 주어진 숙제를 감당하려 할 때를 놓치지 말고 가능한 많은 것을 가르치라.
- 리더와 친밀한 관계를 맺으라(만나는 횟수를 늘리고, 평가해 주고, 비밀을 지켜 주며, 기대감을 표현함). 앞으로는 현실 단계, 저항 단

계에 처하게 될 것을 명확히 설명해 주라.
- 성장에 따른 대가를 지불해야 한다는 것을 미리 예상할 수 있도록 도와주라. 예수께서는 제자들이 다가올 시련을 대비하도록 지속적으로 준비시켜 주셨음을 기억하라.

현실 단계

낭만적인 연애 단계가 지나면 현실 인식의 단계가 찾아온다. 소그룹 구성원들 가운데는 모임에 헌신하지 않을뿐더러 매주 모임조차도 제대로 참석하지 않는 이들이 생긴다. 새로 다섯 명의 사람들을 초대했건만 아무도 모임에 나오지 않았다. 리더는 이토록 빈약한 결과가 나오리라고 생각도 못했고 소그룹 리더로 사역한다는 것이 이토록 힘겨울 수 있다는 것은 상상치 못했다.

> **전략**
>
> **현실 단계의 전략**
>
> 너그럽게 베풀어 주라. 리더 스스로 헌신했던 부분을 기억하도록 하라. 소그룹 안에서 리더의 역할을 잘 감당할 수 있도록 자신감을 주며 가르치라.

물론 사탄은 새내기 리더가 제대로 사역하지 못하도록 온갖 방해를 할 것이다. 베드로는 이렇게 경고한다.

"근신하라 깨어라 너희 대적 마귀가 우는 사자 같이 두루 다니며 삼킬 자를 찾나니 너희는 믿음을 굳건하게 하여 그를 대적하라"(벧전 5:8-9).

제9장에서는 반드시 찾아야 할 문제점에 대해서 이야기했다. 이런 문제가 드러난다면 소그룹 리더가 이제 현실 단계에 들어갔다고 볼 수 있다.

현실 단계를 잘 보내는 법

- 은혜로 대하라. 리더를 아껴 주라. 그의 이야기에 귀를 기울이라. 그의 시련이 일반적인 것임을 말해 주라.
- 코치가 리더를 아낀다는 사실을 보여 줄 수 있는 특별한 이벤트를 하라.
- 리더가 첫 번째 단계에서 서약하고 헌신했던 사실을 상기시키라.
- 기술적 훈련과 더불어 부족한 부분을 채울 수 있도록 해 주라. 새로운 기술을 배우면 새로운 자신감을 얻는다.

저항 단계

오늘날 장기적으로, 그리고 많은 시간을 들여서 자신을 헌신하는 사람은 참 드물다. 리더들은 이렇게 생각할 수도 있다. "텔레비전도 보고 사역도 좀 줄이면서 '쉬는 시간'을 가지면 안

될까?" 인간에게 오는 유혹이란 예수님보다는 자기 자신을 위해 살고 싶은 것일 뿐, 그 이상도 그 이하도 아니다. 금세라도 모든 것을 박차 버리고 싶은 충동을 느끼기도 한다. 코치와 소그룹 구성원들의 얼굴이 보기 싫을 때도 있다.

> 전략
>
> ## 저항 단계의 전략
>
> 사랑 안에서 진리를 말하는 중에도 리더의 말에 공감하고 이해한다는 열린 마음을 보여 주라.

어떤 사람들은 이런 기간을 '영혼의 어두운 밤'이라고 부른다. 이 기간이 바로 코치가 리더를 위해 하나님께 부르짖어야 할 때다.

이 기간을 거치던 두 명의 리더가 생각난다. 한 사람은 리더 자리에서 떠나 더 이상 나의 지도를 받지 않게 되었고, 다른 한 사람은 리더의 자리를 유지했지만 나와 함께하기를 거부하고 적대감을 품게 되었다.

그러나 이런 시간을 통해 여러분은 더욱 하나님께 무릎 꿇게 된다. 이제껏 기도한 것보다 훨씬 간절히 기도하게 될 것이다. 여러분의 보살핌을 받는 리더와 소그룹을 위해 기도로 영적 전쟁에 돌입하게 될 것이다. 그 자리를 떠나지 말라. 지금은 어두운 금요일이지만 곧 부활의 날이 올 것이다.

저항 단계를 잘 보내는 법
- 기도에 더욱 힘쓰라.
- 은혜와 진리로 대하라. 리더의 개인적인 생활에 대해 이야기를 꺼내기 전에 먼저 양해를 구하라.
- 기회를 잘 포착하라. 연애 단계에 있는 동안에는 리더가 어떤 정보든 받아들인다. 하지만 지금처럼 리더가 영적인 전쟁 상황에 있으면 그동안 자신이 배운 내용을 현실에 적용하는 것을 간절히 원할지도 모른다.

일반적으로 저항 단계는 별 무리 없이 해결 단계로 넘어간다. 하지만 항상 그렇게 술술 풀리는 것은 아니다. 때로는 리더와의 관계가 제대로 풀리지 않을 수도 있다. 어느 누구도 자신이 패배했다고 느끼고 싶지 않은 법이다. 하지만 어떤 경우에는 최선의 행동이 관계를 중단하는 것일 수도 있다. 어쩌면 성격이나 사고방식이 너무 달라서 서로 공감하지 못하는지도 모르기 때문이다. 이런 경우에는 하나님의 선하심과 전능하심을 신뢰하라. 스스로 패배자라고 느끼지 말라. 하나님께서는 이런 상황을 통해서 여러분을 성장시키신다.

해결 단계

기쁜 소식이 있다. 인내로 주어진 일을 다 감당하면 결국 해결의 단계로 넘어간다. 리더는 지난 시간 동안 하나님을 신뢰하는 법을 배우게 되었다. 그리고 이제는 하나님께 나아가는 시간을 늘리며 생활 속에 새롭고 흥분된 방법으로 하나님의 임재를 느끼고 있다. 또한 소그룹 사역에 장기적으로 헌신하기로 결단하고 있다.

전략

해결 단계의 전략

장래의 리더들이 직접 사역에 뛰어들 수 있는 기회를 주어서 리더 스스로 다른 사람들을 지도해 줄 수 있도록 준비시키라. 조만간 리더가 코치로서 사역을 하게 될 것이기 때문에 코치는 리더에게 더욱 많은 사역의 책임을 맡겨야 한다.

저항 단계 동안 코치인 여러분과 리더의 관계는 더욱 깊어졌다. 모든 것이 꿈같고 좋기만 하던 연애 단계에서는 결코 깨달을 수 없었을 리더의 기질도 잘 파악하게 되었다. 잠언 27장 17절에서 말한다. "철이 철을 날카롭게 하는 것같이 사람이 그의 친구의 얼굴을 빛나게 하느니라."

이제 코치인 여러분과 여러 리더들은 가상 전쟁 게임 경험밖에 없는 새내기 군인들이 아니라 실전의 경험이 풍부한 군인으로서 활동하게 된다. 뿐만 아니라 전쟁과 갈등을 경험하면서 동료애도 더욱 자라 있을 것이다.

> **해결 단계를 잘 보내는 법**
> - 전쟁의 참호 속에서 배웠던 교훈을 마음속 깊이 다지며 리더와 깊이 있는 관계를 세우는 기회로 삼으라.
> - 리더가 훗날 코치로서 새로운 리더를 세우고 훈련할 수 있도록 준비시키라.
> - 힘겨운 싸움을 함께한 동료와의 관계를 더욱 돈독히 하라.

대부분 이 기간을 무리 없이 즐길 것이다. 내리누르던 부담감도 벗어 버리고 홀가분하게 느껴질 것이다. 또한 한 가닥 소망의 빛을 보며 눌렸던 감정도 다시 살아나는 것을 경험하게 된다. 이제 보상의 단계로 넘어갈 때가 되었다.

보상 단계

여러분이 고생한 만큼의 열매를 보는 것이 보상이다. 고난 후에 영광이 오는 법이다. 분명히 좋은 결실을 맺게 된다. 리더는 영혼의 어두운 밤을 지새고 폭풍우도 견뎌 내며 소그룹을 성공적으로 배가시킨다. 이제 여러분의 영혼은 새로운 세대의 리더를 낳은 기쁨과 평안함이 넘칠 것이다.

여러분이 보살피는 리더가 성공적으로 소그룹을 배가시킨 것은 무엇과도 비교할 수 없을 만큼 커다란 기쁨이다. 열방에 나가 제자를 삼으라는 예수님의 대사명(마 28:18-20)에 이제야 진심으로 동참하고 있는 느낌일 것이다.

하지만 무엇보다 가장 큰 보상은 여러분이 신실하게 돌봐 준 리더가 다시 코치로 성장하는 모습을 통해 예수 그리스도께 영광을 돌리며 교회가 건강해져 가는 모습을 보는 것이다. 베드로가 말한 것과 같이 목자에게 주어진 상이 여러분에게도 분명히 주어질 것이다.

"너희 중에 있는 하나님의 양 무리를 치되 억지로 하지 말고 하나님의 뜻을 따라 자원함으로 하며 더러운 이득을 위하여 하지 말고 기꺼이

전략

보상 단계의 전략

새롭게 태어난 소그룹을 잘 이끌 수 있도록 새로운 리더들을 준비시키는 마지막 단계이다. 이전의 리더는 새로운 리더가 새로운 사역을 준비할 수 있도록 전체 소그룹을 인도하는 기회를 제공해야 한다.

하며 맡은 자들에게 주장하는 자세를 하지 말고 양 무리의 본이 되라 그리하면 목자장이 나타나실 때에 시들지 아니하는 영광의 관을 얻으리라"(벧전 5:2-4).

11: 리더와의 면담 시간
면담을 통해 리더와 깊은 관계를 맺고 도전을 준다.

코칭 사역을 오케스트라 지휘에 비유하기도 한다. 어떤 때는 연주자 한 사람씩과 함께 연습하기도 하고, 또 어떤 때는 연주자 전체를 모아 지휘하기도 하며 때로는 혼자서 중요한 부분을 연주할 수 있도록 격려하기 때문이다.

코치로 사역하는 방법은 다양한데 보통 일대일 면담과 그룹 전체 지도가 가장 효과적이다. 일대일 만남이든 그룹 전체 모임이든 전화상으로 대화를 나누든 리더들과 깊은 관계를 맺을 수 있는 효과적인 도구는 바로 앞에서 말한 '공급받기, 경청하기, 격려하기, 보살펴 주기, 개발과 훈련, 전략 세우기, 도전 주기'다.

코치가 리더와 더 깊은 관계를 맺을 수 있는 가장 기본적인 방법은 지속적인 연락이다. 스티브 웹은 다음과 같이 말했는데 나는 이 말에 전적으로 동의한다.

코치가 할 수 있는 가장 중요한 것 중에 한 가지는 전화로 이야기하든 직접 만나서 이야기하든 리더 그룹과 지속적인 연락을 유지하는 것이다. 단 5분 정도의 전화 통화라고 해도 기도하며 이야기를 나눌 수 있다면 이는 코치와 리더의 관계를 유지하는 최고의 방법이 된다.

개인 면담 방법

일대일 개인 면담은 시간 조절이 자유롭고 개인적인 만남이다. 봅 비홀은 이렇게 말한다. "그룹 면담을 기반으로 해서는 진정한 양육이 이루어질 수 없다. 일대일 만남이야말로 참석하는 사람들이 편하게 받아들일 수 있는 면담 형태다. 양육의 99 퍼센트가 일대일 만남을 통해 이루어진다."

 통찰

"사람은 서로 멀리 떨어져 있거나 어쩌다 한번 잠시 만나는 것으로 관계를 지속시킬 수 없다. 함께 시간을 보내야 한다. 모임을 하기 위한 몇 마디 대화가 아니라 미리 약속된 만남을 가져야 한다." _존 맥스웰

그렇다면 몇 번이나 리더와 만나야 할까? 적어도 한 달에 한 번 정도는 직접 만나는 것이 현명하고 그 외에도 평소에 자주 전화 통화를 하거나, 교회에서 만나거나, 다른 약속을 잡는 형태로 지속적인 연락을 하는 것이 좋다.

탁월한 소그룹 코치의 7가지 습관은 그룹 전체 모임에서도 효과적으로 적용되지만 일대일 개인 만남에서 더욱 효과를 발휘한다. 가족의 안부, 직업, 영적 생활 등을 물어보면서 이야기를 시작할 수 있다. 그리고 일대일 면담 시간의 반 정도는 리더의 이야기에 귀를 기울이고, 격려하고, 보살펴 주는 것으로 보

내야 한다.

그런 후 소그룹 성장과 전략 세우기로 넘어간다. 일대일 만남은 시간 조절이 자유롭기 때문에 리더의 개인적 필요에 중점을 둘 수 있다. 어떤 리더는 전도 방법에 대한 도움이 필요하고 어떤 리더는 성경 공부 시간에 효과적으로 질문하는 법을 알고 싶어 한다. 그룹 모임에서 개개인의 특정한 필요를 다룬다는 것은 불가능하다.

특히 리더의 부족한 부분이 드러날 경우 코치는 개인 면담 시간에 리더의 장기적인 성장을 염두에 두고 사랑 안에서 진실을 이야기할 수 있다. 여러 사람들 앞에서 개인의 문제를 거론하게 되면 신뢰는 깨지고, 리더는 자신의 어려움이나 문제를 정

사전

코치의 역할

- 일대일 면담 시간 : 성장하도록 보살피고 양육한다.
- 그룹 모임 : 직접 모범을 보이며 지도한다.
- 소그룹 방문 : 격려하고 세심하게 지켜본다.

직하게 이야기할 수 없게 된다. 따라서 코치는 개인 면담 시간에 리더들의 개인적인 문제를 다루고 함께 기도해야 한다.

> **전략**
>
> **리더와 지속적으로 연락하는 법**
>
> - 주일 예배 때나 교제 시간 때 리더를 만나면 잠시 시간을 내어 이야기를 나눈다.
> - 정기적으로 식사 초대를 한다.
> - 출근 전에 잠시 만나 아침을 같이 먹는다.
> - 특별한 행사에 같이 참석한다.
> - 그룹 모임에 함께 참석한다.
> - 훈련 프로그램에 함께 참가한다.

전체 모임 인도법

전체 모임은 일대일 만남과 별도로 진행해야 한다. 소그룹 안에서 구성원들이 자신의 삶을 나누고 서로를 위해 기도하듯이 리더들도 함께 모이면 자신의 경험을 나누며 함께 기도한다.

제1부에서 다룬 7가지 습관은 그룹 전체 모임에서도 활용해야 한다. 7가지 습관을 손쉽게 활용하는 몇 가지 예가 있다.

교제와 다과 시간 : 전체 모임을 집에서 진행할 경우, 다과 시간은 사람들이 서로 이야기를 나누고 자신을 드러내는 좋은 기회가 된다. 이 시간 동안 리더들에게 최근 소식을 나눠 주라(다음 모임 예정일, 그룹 활동 계획, 참석하지 못한 리더의 기도 요청). 개인적으로 리더들과 연락을

계속한다면 그들의 최근 소식을 쉽게 알 수 있을 것이다.

공급받는 시간 : 기도와 예배로 모임을 시작해야 한다. 함께 찬양하면서 주 예수를 높이라.

듣고, 격려하고, 보살피는 시간 : 전체 모임에서는 리더의 기도 제목과 소그룹 사역에서 겪는 어려움, 또는 개인적으로 고통스러워하는 문제에 대해서 들어 준다. 각 사람들의 필요를 위해 시간을 내어 함께 기도하라. 때로는 리더들 한 사람씩을 붙들고 기도하면서 다른 리더들에게도 함께 중보하도록 부탁할 수도 있다.

개발과 훈련 : 정해진 성경 교재가 있고 리더들이 미리 과제를 해 온다면 아주 효과적으로 진행될 수 있다. 예를 들어 지정된 책의 일정 분량을 읽어 오라고 과제를 내주었다면 기억을 되살리기 위해 몇 가지 질문을 할 수도 있고, 몇 가지 내용을 덧붙여 설명할 수도 있다. 리더들은 모임을 통해 뭔가를 배웠다는 충족감을 얻고 싶어 한다. 코치의 주 역할은 리더가 탁월하게 사역할 수 있도록 돕는 것이지만 이런 기회를 잘 활용해서 새로운 기술이나 지식을 가르치라. 나의 경험으로 볼 때, 리더들은 전체 모임을 하면서 새로운 방법을 배우고 한 단계 더 성장하려는 강력한 욕구가 있다.

시도

전체 모임용으로 활용할 수 있는 세부 일정

- 리더들이 가지고 있는 문제에 대해 구체적인 설명을 해 준다.
- 리더들에게 소그룹에 대한 사명을 상기시키며 비전을 제시한다.
- 각자 어떻게 사역하고 있는지 물어본다.
- 리더로서 갖추어야 할 기술을 가르치고 보충해 준다.
- 서로를 위해 기도한다.
- 리더들에게 영적 성장에 대한 도전을 준다.
- 각자의 의견과 정보를 교환한다.
- 하나님께서 행하시는 역사를 함께 찬양한다.

전략을 세우고 도전을 주기 : 마지막으로 예수님을 위해 세상으로 나아가려면 소그룹 배가가 필수라는 사실을 강조하며 도전과 비전을 주라. 이 시간을 소그룹에 비전을 제시하는 기회로 삼으라. 더욱 전진하여 풍성한 추수를 거둘 수 있도록 리더들에게 도전을 주라.

짜여진 일정이 있어도 자연스럽게 시간을 조정할 수 있다. 모임 내내 성령께서 인도하시도록 내어 드리라. 전체 그룹 모임이 참석할 만한 가치가 있는 것은 계획과 비전이 있기 때문이다. 좋은 모임이란 영적인 공급과 자극을 받도록 평균 이상의 재능을 제공하고, 창조력이 넘치며, 올바른 의사소통을 할 수 있는 곳이다.

어디서 모일 것인가

어떤 장소든 상관없다. 혹 지금 여러분이 지도하는 리더들

모두 여러분이 인도했던 소그룹 출신이라면 소그룹 모임을 시작하기 한 시간 전 쯤에 리더 모임을 할 수 있다.

주일 예배 시간 전후로 모이는 것도 좋은 방법이다. 리더들 대부분 주일날 교회에 머물러 있는 시간이 많기 때문에 예배 전후로 모임을 갖는 것이 어렵지 않다. 오스트레일리아 시드니 근교에 위치한 어느 교회는 주일 저녁 예배 전에 코치 모임을 한다. 코치 모임은 자립한 리더들의 모임이므로 굳이 소그룹 모임처럼 교회 밖에서 만날 필요가 없기 때문이다.

또 다른 좋은 방법으로는 다양한 모임을 만드는 것이다. 빌 도나후는 이렇게 설명한다.

📖 사전

성경에 나오는 그룹 모임의 예

- 사도행전 6장 : 성도들을 효과적으로 사역하기 위해 리더 그룹이 결성되었다.
- 사도행전 15장 : 전략적인 의사 결정을 위해 지도자들이 예루살렘 공회로 모였다.
- 마가복음 3장 7절 : 예수께서는 제자들과 따로 시간을 보내기 위해 잠시 한적한 곳으로 가셨다.

🎯 시도

최소 단위의 지도 계획

- **매일**: 자신이 돌보는 리더를 위해서 기도하라(예: 매일 오후 3시에 3분 동안 3명의 리더를 위해 기도하기)!
- **매주**: 리더의 기본적인 필요를 주시하라(예: 전화 상담, 전화나 이메일을 통한 기도, 교회에서 만나면 이야기 나누며 격려하기)!
- **매달**: 개인 면담과 그룹 모임을 하면서 훈련시키라(예: 리더(배우자도 함께)와 함께 식사, 기도 시간, 예비 리더와의 면담 계획, 지도력 훈련)!
- **분기별**: 각 리더가 담당하고 있는 소그룹 모임에 참석하고 평가한다.
- **1년에 두 번**: 함께 축하하는 시간 (예: 구원과 성장, 새로운 리더 발굴, 예배, 하나 됨, 은사 사용, 새로운 소그룹 탄생 등 하나님께서 하신 일을 기뻐하며 잔치를 벌인다)!

"우리는 '초집단 모임'으로 모임 참석률과 효율성을 향상시킬 수 있었다. 많은 무리를 책임지는 대신 스태프 구성원이 4개의 대형 모임을 조직하여 관리한다. 이를 통해 코치 혼자서 사역을 계획하고 훈련시켜야 하는 부담감을 덜어 줄 수 있다. 그 결과 모임은 더욱 활동력이 넘치고 더 많은 정보와 상호 작용을 할 수 있다. 사역 기간 동안 정기적인 그룹 모임과 더불어 대형 모임이 규칙적으로 흘러갈 때 소그룹 리더들을 좀 더 효과적으로 섬길 수 있다."

얼마나 자주 모일 것인가

한 달에 적어도 한 번은 모임을 가질 것을 권유한다. 많은 교회들이 2주에 한 번씩 모임을 하고 있는데 효과가 아주 크다. 한 달에 한 번 모일 경우 코치가 적어도 한 달에 한 번은 각 리더들과 개인 면담을 하고 지속적으로 전화 연락을 하는 경우에만 효과가 있다.

지속적으로 모임을 해야 하는 주된 이유는 적절한 수준으로 리더들을 지도하기 위해서다. 모임의 간격이 너무 길면 제대로 지도할 수도 없고 사역의 효과도 떨어질 수 있다.

12: 소그룹 방문
소그룹을 정기적으로 방문하여 점검하고 격려하라.

"아빠도 거기서 같이 봤으면 좋았을 텐데. 말로는 설명이 안 된다니까요!" 우리 딸아이 셋이서 자신들이 했던 일을 생생하게 묘사하며 하는 말이다. 사실 딸아이들이 가장 원하는 것은 나와 함께 활동하는 것이다. 내가 자신들의 무용 수업과 피아노 공연, 운동 경기에 함께하기를 바라는 것이다. 아무리 설명해 봤자 실제로 보는 것과는 비교할 수 없기 때문이다.

코치는 일대일 면담과 그룹 모임을 통해 여러 가지 문제들을 파악할 수 있다. 하지만 실제로 리더가 활동하는 모습을 보면서 더 큰 그림을 그릴 필요도 있다. 데이비드 오웬은 이렇게 말한다.

한 번 보는 것이 천 번 듣는 것보다 낫다. 그리고 수십 번 이야기를 듣는 것보다 소그룹 모임에 직접 참가하는 것이 소그룹의 활동과 건전

성을 살펴보고, 리더의 활동 유형을 파악하는 데 훨씬 낫다는 사실도 알게 되었다. 그러면 리더와 다시 만날 때 어떻게 도울 수 있는지 더욱 잘 이해할 수 있다.

예방약

소그룹 리더들이 좋지 않은 습관에 빠져 산만해지는 경우가 있다. 코치는 리더들에게 이야기의 주제가 흐트러지지 않도록 해야 한다고 가르쳤지만 실제 가서 살펴보면 전혀 관련 없는 주제를 다루는 경우도 있다. 또한 코치가 직접 모임에 참석해서 살펴보기 전에는 제시간에 시작하고 마치는 것, 함께 참석한 자녀들을 통제하는 법 등, 소그룹 사역에 대한 모든 가르침이 제대로 실행되고 있는지를 알 수 없다. 또한 코치가 쉽게 이해하고 당연하게 생각했던 일들을 리더가 제대로 이해하지 못했을 경우도 있는데 모임에 참석해 보아야 이런 상태를 정확하게 파악할 수 있다.

정기적인 방문

나는 여러분이 관리하는 소그룹 모임을 매 분기마다 한 번씩, 즉 일 년에 4번 정도 참석할 것을 권유한다. 3명의 리더를 지도하고 있는 중이라면 매달 한 번씩 돌아가면서 소그룹 모임에 참석하는 것이다. 이렇게 분기별로 한 번씩 참석하면 코치도 직접 소그룹을 인도할 수 있게 되기 때문에 소그룹 사역에 대해서 새로운 마음을 다질 수도 있다. 리더가 인도하는 소그룹에 참석하게 되어 자리를 비울 때는 먼저 자기가 직접 인도하는 소그룹의 구성원 가운데 한 명을 선정하여 그날의 모임을 인도해 달라고 부탁하라(새롭게 리더를 발굴하는 좋은 방법이다). 만약 리더들이 인도하는 소그룹이 건강하게 성장하는 모습을 확인하게 된다면 아마 더욱 자주 방문하고 싶어질 것이다.

방문하기 전에

먼저 리더에게 방문 사실을 알려서 마음의 준비를 할 시간을 주라. 그리고 리더에게 물어서 미리 모임에 대해 최대한 많은 정보를 얻으라(모임 시간, 모임 장소, 참석자 수).

리더가 모임을 진행할 때 어느 특정 부분이 부족하다고 느껴지면(예 : 예배 인도나 성경 공부), 먼

> 전략

소그룹 방문 때 살펴보아야 할 것

- 모임이 잘 진행될 수 있도록 장소가 준비되었는가?
- 모임은 제시간에 시작하고 마쳤는가?
- 리더는 한 가지 주제에 충실했는가?
- 리더는 억누르지 않고서도 상황을 잘 통제하는가?
- 리더는 효과적인 질문을 했는가?
- 사람들이 대답할 때 리더는 제대로 귀 기울였는가?
- 구성원들은 서로 잘 어울려 지내는가?
- 삶의 변화가 있는가?
- 리더와 구성원 간의 관계는 어떠한가?
- 리더는 소그룹 배가를 전략으로 삼고 있는가?
- 진지한 내용의 기도였는가?
- 하나님께서는 모임 안에서 어떻게 역사하셨는가?

저 양해를 구한 다음에 그 부분에 대해 시범을 보여 줄 수도 있다. 하지만 특별한 경우가 아니라면 다른 구성원들처럼 조용히 모임에 참석하라.

모임에 참석하기 전에 리더를 위해 기도하는 것을 잊지 말라. 소그룹과 리더를 축복하고 모임을 실질적으로 성장시킬 수 있는 방법을 찾을 수 있도록 지혜를 달라고 성령님께 간구하라.

모임이 시작하기 전에 다른 사람들보다 미리 도착해서 리더와 함께 몇 분간 기도하는 시간을 가지라.

소그룹 모임 도중에 할 일

여러분이 모임에 참석하는 주 목표는 사람들을 격려하는 것이다. 다른 구성원들 앞에서 리더를 세워 주고 격려하라. 빌 도나후는 이렇게 말한다.

리더가 인도하는 소그룹에 참석할 때면 마치 자신이 불청객같이 느껴질 수도 있다. 사람들이 "당신은 도대체 누구길래 여기 있는 거요?" 하는 식으로 바라보는 것 같다. 이때 격려는 사람들과 가까워질 수 있는 효과적인 수단이다. 코치가 모임에 참석하는 것은 관찰하고 평가하려는 것이지만 코치가 마치 사람들을 세워 주고 격려하지 못해 안달이 난 사람처럼 적극적으로 행동할 때 그 효과는 엄청나다. 사람들이 모임 장소에 도착하면 따뜻하게 맞아 주고, 소그룹을 격려하고, 사람들 앞에서 리더를 세워 주며, 모임이 시작하기 전후로 리더를 위해 기도해 주면 편안한 분위기가 조성될 것이다.

모임 시간 동안에는 최대한 적극적으로 참석하라. 제대로 참석하지 않으면 마치 모임을 조사하러 파견 나온 조사원으로 생각할 것이다. 코치가 솔직하게 이야기를 나눌 때 사람들이 모임을 훨씬 편하게 느낄 수 있다. 여러분이 직접 자신의 이야기를 솔직히 털어놓으면서 모범을 보이라.

사전

소그룹 방문 때 주의 사항

"코치가 모임을 방문할 때, 우리는 LEAD(Lead-인도, Environment-상황, Apprentice-예비 리더, Dynamic-움직임)의 순서에 따라 준비하라고 조언한다. 먼저 코치는 리더를 격려하며 관찰한다. 두 번째로는 모임의 상황이 사람들의 생활이 변화하는 데 도움이 되는가를 마음속으로 평가한다. 세 번째로는 리더들이 새로운 예비 리더를 발굴하는가를 확인한다. 네 번째는 소그룹의 움직임을 읽어 내는 것이다."

하지만 모임을 주도해서는 안 된다. 또한 사람들이 모두 리더의 질문에 코치가 답하기를 기대하고 있다는 사실이 느껴지면 조용히 두 손을 맞잡고 다른 사람들이 먼저 대답할 때까지 기다리라.

만약 리더의 잘못을 발견했다 하더라도 모임이 진행되는 동안에 무언가를 적거나 하는 행위는 자제해야 한다.

모임을 마친 후 소그룹 모임의 진행에 대해 평가를 내리는 것도 중요한데, 보통은 네 가지 면에서 평가할 수 있다.

- **환영** : 아이스 브레이크(사람들이 처음 만났을 때 어색함을 누그러뜨리기 위해 하는 말) 내용은 적절했는가? 새로 온 사람들이 적응할 수 있도록 도움을 주는 내용이었는가? 아니면 새로운 사람이 없는 가운데 소그룹 구성원들을 하나로 묶어 주는 역할을 했는가?

- **예배** : 사람들이 제대로 예배할 수 있도록 인도했는가(찬양집 준비, 의자 배치 등)? 예배의 초점과 방향을 잘 제시했는가?

- **말씀** : 리더는 교회의 비전에 맞게 교재를 사용했는가? 리더는 함

께 토론한 내용을 제대로 이해했는가? 모든 사람들이 토론에 참여할 수 있도록 잘 인도했는가?

- **활동** : 리더는 믿지 않는 사람들을 향해 나아가도록 소그룹의 비전을 적절히 제시했는가?

모임 후

리더와 함께 검토한 내용을 살펴보되, 모임 후 즉시 만나거나 가까운 시일 안에 만날 시간을 약속한다. 리더에게 한 번 제안할 때마다 격려하는 말 다섯 마디를 덧붙이도록 하라.

| 맺는 글 |
자신의 갑옷을 입으라

믿지 않는 사람들조차도 대부분 다윗과 골리앗의 싸움 이야기를 안다. 다윗은 자신의 연약함을 보지 않고 하나님의 위대하심을 드러내고자 했다. 사울 왕은 다윗에게 자신의 갑옷을 입히려고 했다. 하지만 사울의 갑옷은 다윗에게 맞지 않았다. 다윗은 사울에게 이렇게 말했다. "다윗이 칼을 군복 위에 차고는 익숙하지 못하므로 시험적으로 걸어 보다가 사울에게 말하되 익숙하지 못하니 이것을 입고 가지 못하겠나이다 하고 곧 벗고 손에 막대기를 가지고 시내에서 매끄러운 돌 다섯을 골라서 자기 목자의 제구 곧 주머니에 넣고 손에 물매를 가지고 블레셋 사람에게로 나아가니라"(삼상 17:39-40).

인간적으로 볼 때는 사울의 갑옷을 입는 것이 훨씬 안전하게 여겨질 수 있지만 다윗에게 익숙했던 것은 평소에 입던 옷과 물매와 돌멩이였다.

이 책에서 나는 일부러 특정한 갑옷에 여러분들을 끼워 맞추지 않으려고 노력했다. 여러분이 다양한 상황 속에서 창조적이고 지혜롭게 이 책의 원리들을 활용하기 바란다.

하나님께서 보여 주시는 방향으로 다윗처럼 담대히 나아가라. 여러분이 가진 지도력의 은사와 능력을 능가할 새로운 리더들을 발굴해 내라. 하나님께 풍성히 받은 것으로 리더들을 섬기고 또한 리더들이 신실한 하나님의 사람들과 함께 나아갈 수 있도록 진정한 목표를 보여 주라.

| 부록 |

소그룹 리더 양육을 위한 질문지

아래의 질문은 소그룹 리더의 꿈과 은사, 장점, 단점을 알아볼 수 있도록 구성되었습니다. 코치는 먼저 리더에게 이 질문지를 주고 작성하도록 합니다. 그리고 리더가 작성한 내용을 가지고 일대일 면담 시간에 이야기를 나눈다면 효과적으로 리더를 지도할 수 있습니다.

Section1. 하나님과의 관계 점검

1. 어떻게 해서 그리스도를 구주로 영접하게 되었습니까?
2. 하나님과 어떤 관계입니까?
3. 하나님을 특별하게 체험한 적이 있습니까?
4. 지난 한 주 동안 하나님과 동행하는 삶을 살았습니까?
5. 지난주에 특별하게 하나님을 체험하게 된 사건이 있습니까?

Section2. 개인의 사역 점검

1. 그동안 교회나 기타 단체에서 어떤 훈련을 받았습니까?

2. 그동안 소그룹 구성원으로서 어떻게 활동했습니까?

3. 당신이 신앙적으로 영향력을 주었던 사람을 적어 보세요.(3~5명)

4. 가장 최근에 신앙적으로 영향력을 주었던 사람에 대해 적어 주세요.

5. 다른 사람을 돕는 일에 얼마나 많은 시간을 투자합니까?

6. 당신에게 양육받은 사람이 또 다른 사람을 양육하고 있습니까?

7. 다른 사람을 효과적으로 격려했던 경험이 있다면 적어 보세요.

8. 양육하는 사람과의 관계에서 어려움을 겪은 적이 있습니까? 그 상황을 어떻게 극복했습니까?

9. 주변 이웃들에 대해 얼마나 알고 계십니까?

10. 최근에 이웃들과 어떻게 지내고 있습니까?

Section3. 교회 안에서의 관계 점검

1. 교회의 비전과 사역 방향에 대해 알고 있습니까?
2. 교회에서 하는 일이 본인의 의견과 다를 때 어떻게 반응했습니까?
3. 교역자나 직분자들에게 순종하고 있습니까?
4. 교회 안에서 갈등이 생겼을 때 어떻게 반응했습니까?
5. 교회나 기타 단체에서 해 왔던 일들을 적어 보세요.

Section4. 개인의 상태 점검

1. 최근에 겪었던 긍정적인 일과 부정적인 일을 적어 주세요.
2. 자신이 외롭다고 느꼈던 적이 있습니까? 어떻게 반응했습니까?
3. 당신의 재정을 어떻게 관리하고 있습니까?
4. 가장 최근에 이사를 한 적이 있습니까? 그 이유는 무엇입니까?

5. 최근에 어떤 유혹을 받은 적이 있습니까? 어떻게 반응했습니까?

6. 최근에 영적 침체에 빠졌던 적이 있습니까? 어떻게 반응했습니까?

7. 최근에 큰 결심을 한 적이 있습니까? 그 내용은 무엇입니까?

8. 최근에 자신의 생각이 틀렸다고 느꼈던 적이 있습니까? 그런 다음 어떤 행동을 했습니까?

9. 최근에 당신과 가장 가깝게 지내는 사람은 누구입니까?

10. 어려움이 닥쳤을 때 어떤 식으로 반응합니까?

탁월한 소그룹 리더의 7가지 습관

초판 1쇄 펴낸 날 2004년 5월 17일
개정판 2쇄 펴낸 날 2013년 11월 11일

지은이 조엘 코미스키
옮긴이 편집부

펴낸이 우수명 펴낸곳 도서출판 NCD
등록번호 제 129-81-80357호 등록일자 2005년 1월 12일
등록처 경기도 고양시 일산구 장항동 578-16 나동

도서출판 NCD
주소 | 서울시 강남구 역삼1동 641-17 한라빌딩 4층
주문 | 영업부 | (일산) 031-905-0434, 0436 팩스 031-905-7092
본사 | 편집부 | (강남) 02-538-0409, 3959 팩스 02-566-7754
한국 NCD | 지원·코칭 | 02-565-7767 팩스 02-566-7754
NCD몰 | www.ncdmall.com

ISBN 978-89-5788-156-9

- 책값은 뒤표지에 있습니다.
- 잘못된 책은 구입하신 서점에서 교환해 드립니다.
- 책 내용에 대한 문의나 출간을 의뢰하실 원고는 editor@asiacoach.co.kr로 메일을 보내주십시오.
- 이 책은《셀그룹 폭발을 위한 코칭》의 전면 개정판입니다.

종이 씨그마페이퍼 출력 대산아트컴 인쇄 한국소문사 제책 정성문화사

교회를 건강하게 성장하도록 돕는 도서출판 NCD

도서출판 NCD는 '자연적으로 성장하는, 더 좋고 많은 교회 번식 운동'을 펼치고 있는 한국 NCD 및 이와 관련된 기관들의 사역을 문서로 지원하는 출판사입니다.

한국 NCD는 현재 전 세계 66개국 10,000여 개 교회에서 4,200만 자료로 검증된 설문조사를 토대로 하여 한국 교회의 건강을 진단할 뿐만 아니라 더 많은 교회들이 건강하게 세워질 수 있도록 지속적으로 자료 및 도구 제공, 훈련, 세미나, 컨설팅, 코치 사역, 세계 선교, 지역 및 정보 네트워크를 통해 사역하고 있는 국제적인 전문 사역 기관입니다.